쿠바에 가면 쿠바가 된다

글/사진 _ 진동선

비온후

쿠바에 가면 쿠바가 된다

펴낸날 2009년 1월 11일

지은이 _ 진동선
펴낸이 _ 김철진

디자인 _ 김철진
교정 _ 김 건, 이홍주
출력 _ 삼원프로세스
인쇄 _ 원일컴
제본 _ 광명제책

펴낸곳 _ 비온후
등록 | 2000년 4월 28일 제331-2000-000005호
주소 | 부산시 수영구 광안 2동 169-44 3층
전화 | 051-645-4115

ISBN 978-89-90969-38-5 03660
책값 18,000원

사진들은 모두 소니 α 900으로 촬영되었다.
렌즈는 칼 자이스 바리오 조나(vario-Sonnar) f. 2.8/24-70mm 렌즈,
그리고 f. 2.8/70-200mm G 렌즈를 사용했다.

contents

더 늦기 전에, 더 잃어버리기 전에

여행자들에게 쿠바는 열망만 키운 채 늘 공백으로 남은 오지 아닌 오지다. 그래서 가게 된다면 더 늦지 않은 것에 감사하고 끝까지 남아 준 것들에 감사한다. 낡은 시간 속에 사는 쿠바는 빛과 바람과 색과 영혼의 땅이다. 정열은 보너스다. 더 늦기 전에, 더 잃어버리기 전에 그곳에 갈 수 있다면 행운이고 축복이다.

센트로 아바나 올드 아바나 베다도 시엔푸에고스 산타 클라라 트리니다드 체 게바라 카스트로 호세 마르티 헤밍웨이 루빈 곤잘레스 이브라힘 페러 콤빠이 세군도 부에나비스타 소셜클럽 찬찬 말레콘 클럽아바나 플로리디타 나시오날 호텔 혁명광장 세멘테리오 콜론 카테드랄 광장 로스 맘비세스 라 보데기타 델 메디오, 아르마스 광장 카피톨리오 프라도거리 라 람파라 혁명박물관 코히말 북회귀선 모히토 시가 노인과 바다 린다 네그리타 블랙 네론 모로성 마에스트라 산맥 검은 비 카리브해 올드카 안콘 비치 쿠바야구 기타 호명되지 못한 사람들을 위하여……

2008년 겨울, 부산에서

진동선

너무 아름다워 서러운 곳

짐을 푼다.

태양도, 바람도, 사람도, 그리움도, 따라왔을

열흘 간의 쿠바로부터 짐을 푼다.

다음엔 같이 가자.

너무 아름다워서 서러운 곳…

푸른 울음

내 삶에 있어 눈물은 새벽 강, 새벽 거리에 있다.
내게는 어떤 눈물도 새벽 강, 새벽 거리에 다다르지 못한다.
내 나이 아홉살, 새벽 강에 눈물짓던 엄마의 뒷모습을 본다.
그 나이쯤 친정에서 쫓겨와 신작로에 흐느껴 울던 누나의 눈물을 본다.
내 유년의 깊은 산맥에 평생 가슴에 박힌 눈물의 미학은 그렇게 푸른 새벽에 있다.

트리니다드의 새벽 거리를 걷는다.
한 중년 여인이 공중전화기에 대고 하염없이 운다.
소리죽인 울음은 울대에 못이겨 비명을 지른다.
푸르름은 울음을 새게하고 야속한 빛은 비밀을 흘린다.
그 옛날 푸른 새벽처럼, 엄마에게 그랬던 것처럼, 누나에게 그랬던 것처럼
푸르름은 울음을 새게 하고 야속한 빛은 비밀을 흘린다.

소리죽여 울던 여인이 돌아선다.
거리는 여인의 마지막 수화기 '딸깍' 소리를 삼킨다.
이 거리는 얼마나 많은 울음을 삼켰으며, 이 거리는 얼마나 많은 사연들을 흘렸을까.
이 푸른 새벽의 거리는 얼마나 많은 눈물을 거두었으며 얼마나 많은 푸른 발자국을 새겼을까.

울음 ...... 그리고 거리, 푸르름 ...... 그리고 여인

푸르름의 저편에 수 십만의 시간들이 비명을 지른다.
푸르름의 저편에 수 십만의 울음이 거리를 맴돈다.
아득한 거리에 휘감는 푸른 울음을 카메라에 담는다.
새벽 강의 엄마가 울면서 간다. 새벽 신작로의 누나가 울면서 간다.
푸른 새벽이 뒤따르고 야속한 빛은 비밀을 흘린다.

버스는 그렇게 햇살에 끌려간다.

트리니다드

삶의 보물 한 가지

스페인을 여행할 때였다. 마드리드에서 리스본을 향한 이베리아 특급 열차의 밤은 사막의 겨울만큼 춥고 길었다. 스페인의 북풍은 나그네의 마음을 여지없이 흔들었고 따뜻한 나라의 겨울은 겨울로서 냄새를 풍겼다. 기차가 어느 이름모를 역에 섰을 때 나는 따뜻한 침대칸 객실을 나와서 기차를 오르는 사람마다 사진을 찍었다.

초라한 행색들은 플랫폼 가로등에 빛나고 그들 어깨는 패잔병의 어깨만큼이나 처지고 처졌다. 젊은이들에 뒤쳐져 마지막에 올라탄 사람은 리스본으로 일자리를 찾아 떠난 무슨 무슨 코모라는 사람이었다. 지팡이를 끌면서 힘겹게 오른 그는 객실로 들어서지 않고 문간 옆에 주저앉는다. 그리고는 어깨에 맨 남루한 멜빵을 내려 한동안 무언가를 찾는다 .끝내 찾지 못하고 기차 바닥에 쏟는다. 그렇게 한참을 찾아서 마지막 손에 잡힌 것이 딱딱한 밀빵 한조각이었다. 모든 것이 짧은 시간이었고, 짧은 겨울이었고, 짧은 잔상이었다. 북풍에 흔들리는 기차에서 바라 본 그날의 마지막 이미지였다. 젊은이들이 침대칸을 찾아 애쓰는 것을 바라보면서 객실로 돌아왔다. 아프고 쓰린 따뜻한 나라의 겨울이었다.

쿠바 트리니다드의 새벽을 걷는다. 어느 모퉁이를 돌자 한 나그네가 지팡이를 끌면서 새벽 언덕을 넘어온다. 긴 시간 속을 걸어오는 그의 어깨에는 남루한 멜방이 메어져 있다. 묻지 않아도, 들춰보지 않아도 멜방 속에는 생존을 위한 삶의 보물들이 들어 있을 것이다. 한 병의 술, 한 개의 시가, 한 조각의 빵일 수 있고, 한 장의 담요일 수도 있을 것이다. 밤과 새벽을 건너온 사람들에게 있어야 할 보물일 것이다. 시간을 걷는 사람들에게 필요한 삶을 위한 보물일 것이다.

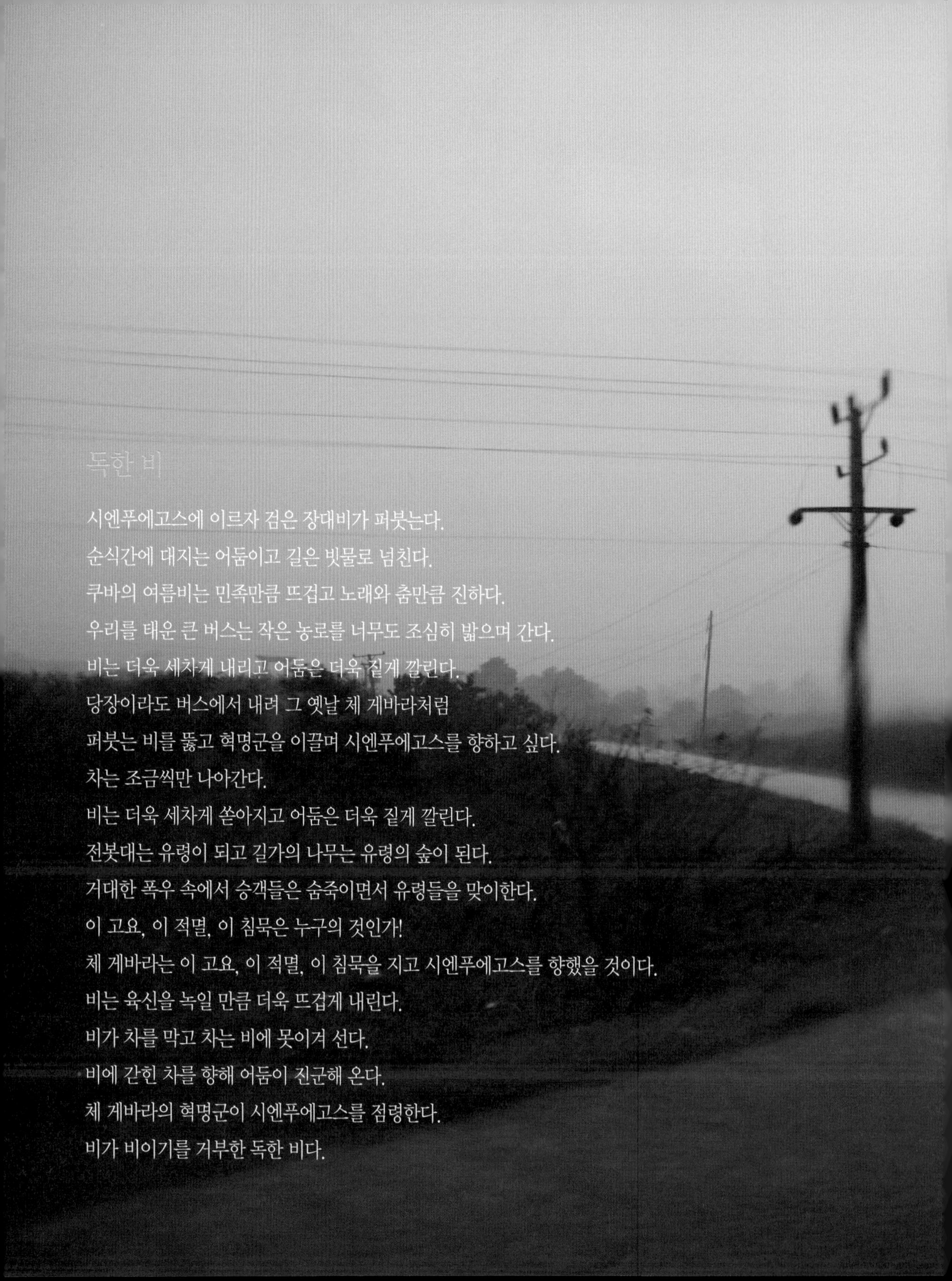

독한 비

시엔푸에고스에 이르자 검은 장대비가 퍼붓는다.
순식간에 대지는 어둠이고 길은 빗물로 넘친다.
쿠바의 여름비는 민족만큼 뜨겁고 노래와 춤만큼 진하다.
우리를 태운 큰 버스는 작은 농로를 너무도 조심히 밟으며 간다.
비는 더욱 세차게 내리고 어둠은 더욱 짙게 깔린다.
당장이라도 버스에서 내려 그 옛날 체 게바라처럼
퍼붓는 비를 뚫고 혁명군을 이끌며 시엔푸에고스를 향하고 싶다.
차는 조금씩만 나아간다.
비는 더욱 세차게 쏟아지고 어둠은 더욱 짙게 깔린다.
전봇대는 유령이 되고 길가의 나무는 유령의 숲이 된다.
거대한 폭우 속에서 승객들은 숨죽이면서 유령들을 맞이한다.
이 고요, 이 적멸, 이 침묵은 누구의 것인가!
체 게바라는 이 고요, 이 적멸, 이 침묵을 지고 시엔푸에고스를 향했을 것이다.
비는 육신을 녹일 만큼 더욱 뜨겁게 내린다.
비가 차를 막고 차는 비에 못이겨 선다.
비에 갇힌 차를 향해 어둠이 진군해 온다.
체 게바라의 혁명군이 시엔푸에고스를 점령한다.
비가 비이기를 거부한 독한 비다.

시엔푸코스 부근

트리니다드

트리니다드

파스텔풍

그 옛날 그 아이의 크레파스는 파스텔이었다. 그 옛날 그 아이집은 파스텔톤이었다. 미의 감각이 채 영글기도 전에 이미 배워버린 파스텔톤의 매혹. 습자지 밑으로부터 스며나온 여리디 여린 색의 향연들, 두동강난 무딘 크레용은 얼마나 비참했는가.

트리니다드. 아바나에서 고속버스로 5시간 반 정도 걸리는 쿠바 중앙에 위치한 인구 6만 정도의 도시다. 16세기 초에 형성된 스페인 양식의 중세 마을이며 사탕수수와 노예무역으로 발전한 도시답게 무역, 담배, 사탕수수가 주업. 포구를 낀 해안선이 아름다우며 산이 깊어 가축과 농작물도 풍부하고 빽빽한 산림은 유장하고 유장하다. 19세기들어 노예무역과 사탕수수가격이 폭락하면서 쇠락한 마을이 되었으나 역사와 전통을 잘 보존한 덕택에 1988년 마을 전체가 유네스코 문화유산으로 지정되어 쿠바 제일의 아름다운 도시로 거듭났다.

여행자들에게는 아바나 다음가는 관광지로 유명하며 특히 천연 유기농 공법, 세계에서 가장 친환경적인 생태계를 자랑하고 있다. 마을 전체가 파스텔톤으로 채색되어 있어 수많은 관광객들은 감탄을 자아낸다. 형형색색 아름다운 골목, 아름다운 집들은 사람들의 혼을 빼어놓을 만큼 매혹적인 올드카와 더불어 한폭의 동화 속 마을을 연출하고 있다. 도시 크기는 아담하며, 천천히 걸어서 하루 이틀 정도면 아름다운 파스텔 마을이 손에 잡힌다. 사람들도 친절하고 인심도 후하고, 특히 외지인에 대한 각별한 눈길과 따뜻한 마음씨가 애뜻하다.

해질녘 트리니다드 마을 안길을 걷는다. 파스텔톤 집들이 마지막 빛에 연한 빛을 낸다. 색에 취하고 풍경에 취하고 사진에 취한다. 한 무리 마을사람들이 어둠에서 나를 본다. 나도 햇살을 등지고 그들을 바라본다. 한없이 바라보다 골목을 벗어나는 올드카로 시선을 돌린다. 모든 것들이 그림이고 우리 모두는 아름다운 파스텔 그림 속에 있다. 세상에 이런 곳이 있을까.

스페인풍

북회귀선으로부터 뜨거움이 오고 카리브해 북풍으로부터 마음이 오는 곳. 마을 곳곳이 붉은 황토빛에 젖고 모든 길이 조약돌로 덮여 있는 곳. 청명한 하늘은 푸르다 못해 시리고 붉은 땅은 붉다 못해 핏빛인 곳. 태양은 안달루시아를 착각케 하고 빛과 그림자는 그라나다를 착각케 하는 곳. 빛이 더없이 유복하고 색은 더없이 유장하며 빛이 색을 만들고 색이 빛을 감싸는 곳. 트리니다드.

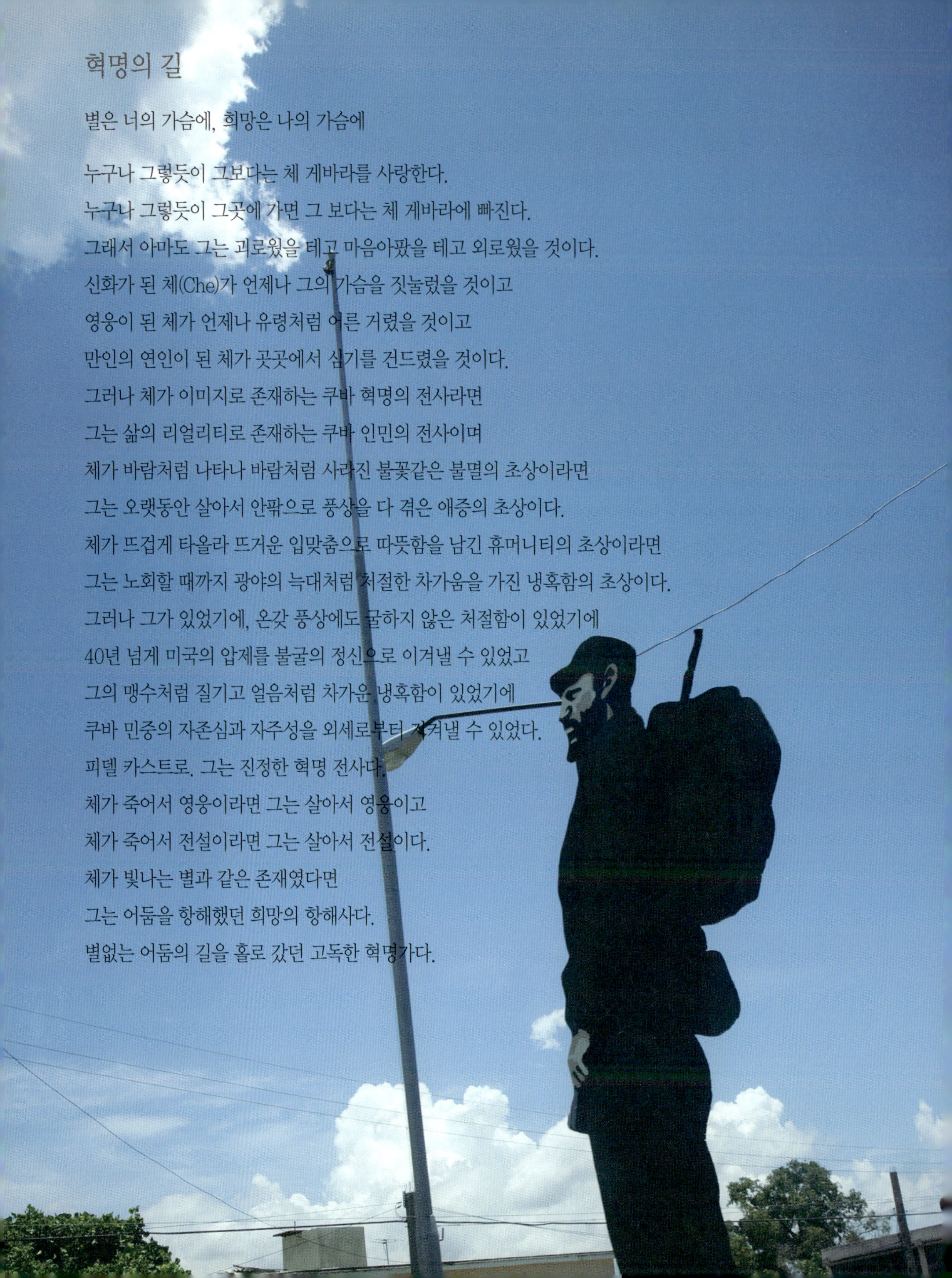

혁명의 길

별은 너의 가슴에, 희망은 나의 가슴에

누구나 그렇듯이 그보다는 체 게바라를 사랑한다.
누구나 그렇듯이 그곳에 가면 그 보다는 체 게바라에 빠진다.
그래서 아마도 그는 괴로웠을 테고 마음아팠을 테고 외로웠을 것이다.
신화가 된 체(Che)가 언제나 그의 가슴을 짓눌렀을 것이고
영웅이 된 체가 언제나 유령처럼 어른 거렸을 것이고
만인의 연인이 된 체가 곳곳에서 심기를 건드렸을 것이다.
그러나 체가 이미지로 존재하는 쿠바 혁명의 전사라면
그는 삶의 리얼리티로 존재하는 쿠바 인민의 전사이며
체가 바람처럼 나타나 바람처럼 사라진 불꽃같은 불멸의 초상이라면
그는 오랫동안 살아서 안팎으로 풍상을 다 겪은 애증의 초상이다.
체가 뜨겁게 타올라 뜨거운 입맞춤으로 따뜻함을 남긴 휴머니티의 초상이라면
그는 노회할 때까지 광야의 늑대처럼 처절한 차가움을 가진 냉혹함의 초상이다.
그러나 그가 있었기에, 온갖 풍상에도 굴하지 않은 처절함이 있었기에
40년 넘게 미국의 압제를 불굴의 정신으로 이겨낼 수 있었고
그의 맹수처럼 질기고 얼음처럼 차가운 냉혹함이 있었기에
쿠바 민중의 자존심과 자주성을 외세로부터 지켜낼 수 있었다.
피델 카스트로. 그는 진정한 혁명 전사다.
체가 죽어서 영웅이라면 그는 살아서 영웅이고
체가 죽어서 전설이라면 그는 살아서 전설이다.
체가 빛나는 별과 같은 존재였다면
그는 어둠을 항해했던 희망의 항해사다.
별없는 어둠의 길을 홀로 갔던 고독한 혁명가다.

아바나

단 한번의 역사

피델과의 만남이 내게 무슨 의미인지,
그를 마치 예전부터 알고 있었던 것 같은 느낌이 들었다고나 할까!
게다가 그 때문에 내 인생에 목표가 생겼고 내 삶이 살만한 것이 되었다.
내가 그에게 신세를 진 것뿐만 아니라 그의 덕분에
체를 알게 된 셈이니 얼마나 감사한 지 모른다.
(...)
그리고, 한 번도 능력을 제대로 꽃피워보지 못한
공화국의 지저분한 과거를 청소하기 위한 혁명 과정에서 우리가 보인 질서.
이 흥분의 도가니에서 나는 내 개인적 삶의 질서를 잡고
수도 아바나에서 펼쳐진 혁명의 삶에 적응하고 있었다.

–알레이다 미치 , 체 게바라 미망인

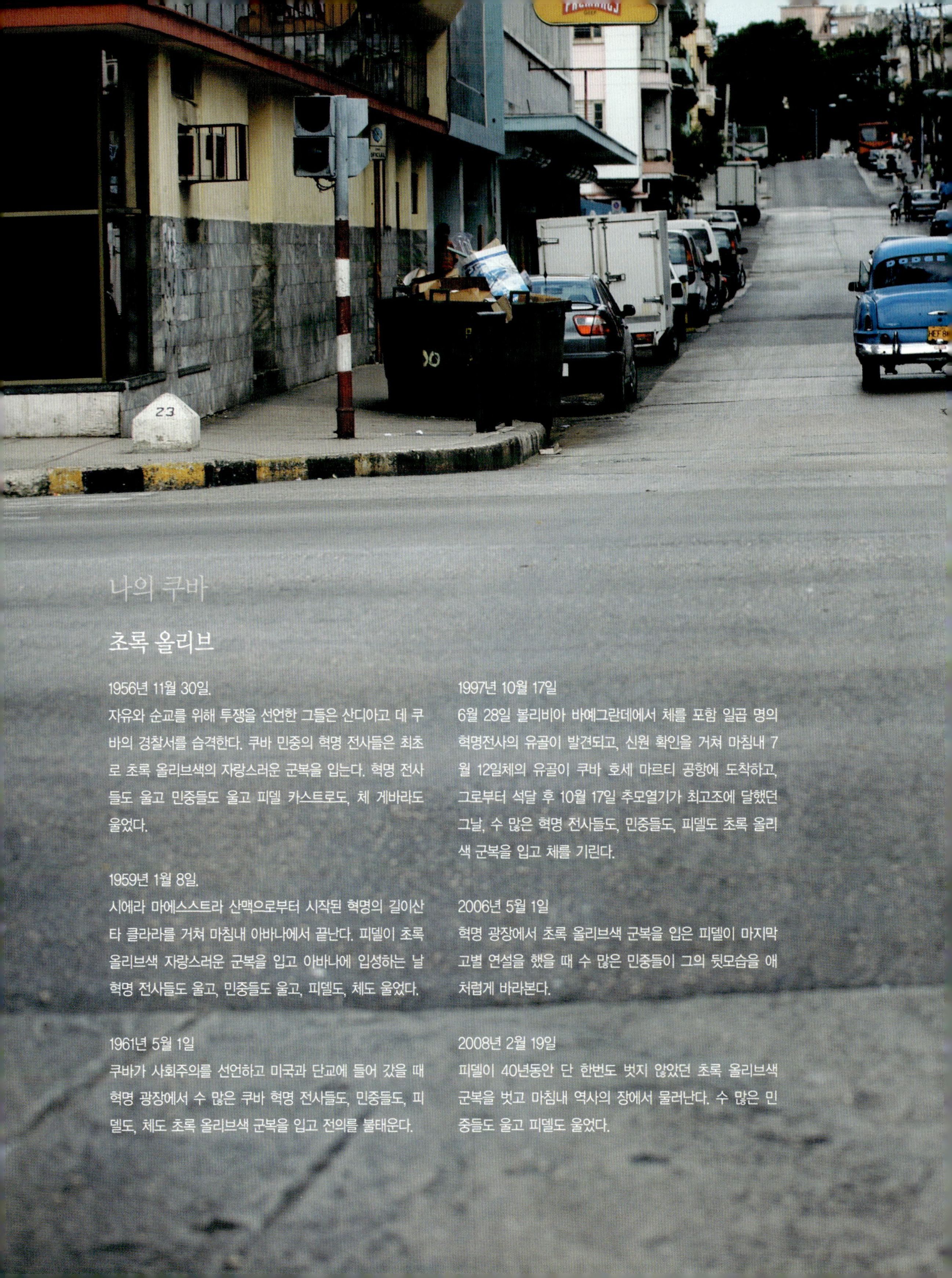

나의 쿠바

초록 올리브

1956년 11월 30일.
자유와 순교를 위해 투쟁을 선언한 그들은 산디아고 데 쿠바의 경찰서를 습격한다. 쿠바 민중의 혁명 전사들은 최초로 초록 올리브색의 자랑스러운 군복을 입는다. 혁명 전사들도 울고 민중들도 울고 피델 카스트로도, 체 게바라도 울었다.

1959년 1월 8일.
시에라 마에스스트라 산맥으로부터 시작된 혁명의 길이산타 클라라를 거쳐 마침내 아바나에서 끝난다. 피델이 초록 올리브색 자랑스러운 군복을 입고 아바나에 입성하는 날 혁명 전사들도 울고, 민중들도 울고, 피델도, 체도 울었다.

1961년 5월 1일
쿠바가 사회주의를 선언하고 미국과 단교에 들어 갔을 때 혁명 광장에서 수 많은 쿠바 혁명 전사들도, 민중들도, 피델도, 체도 초록 올리브색 군복을 입고 전의를 불태운다.

1997년 10월 17일
6월 28일 볼리비아 바예그란데에서 체를 포함 일곱 명의 혁명전사의 유골이 발견되고, 신원 확인을 거쳐 마침내 7월 12일체의 유골이 쿠바 호세 마르티 공항에 도착하고, 그로부터 석달 후 10월 17일 추모열기가 최고조에 달했던 그날, 수 많은 혁명 전사들도, 민중들도, 피델도 초록 올리색 군복을 입고 체를 기린다.

2006년 5월 1일
혁명 광장에서 초록 올리브색 군복을 입은 피델이 마지막 고별 연설을 했을 때 수 많은 민중들이 그의 뒷모습을 애처럽게 바라본다.

2008년 2월 19일
피델이 40년동안 단 한번도 벗지 않았던 초록 올리브색 군복을 벗고 마침내 역사의 장에서 물러난다. 수 많은 민중들도 울고 피델도 울었다.

쿠바는 어느 누구의 나라도 아니다.

단 한사람을 위한, 또 어느 한 사람에 의해 이런 나라라고 규정되는 나라도 아니다. 여전히 투쟁 속에 있는 민중의 나라이고 혁명의 나라이고 리얼리즘의 나라이고 자주와 자강의 나라이다. 쿠바는 누구에게나 내 안의 혁명의 불꽃, 내 안의 희망의 꿈을 가진 이들의 땅이라해도 좋을 것이다. 체의 일기와 편지에서 말하듯이, 그리고 또 피델이 수 십년동안 혁명광장에서 부르짖었듯이 쿠바는 지구상 민초들이 꿈을 꾸는 모든 혁명의 땅이다. 더 나은 세상을 위해 희망의 꿈을 버리지 않는 희망의 땅이다.

나의 쿠바이면서 동시에 너의 쿠바이다. 그리고 우리 모두의 쿠바이다. 꿈과 희망이 있는 자들에게 안기는 초록 올리브 땅이다.

바람과 시간의 색

쿠바의 색은 삭혀진 정열의 색이다.
아니, 아주 오래묵은 발효된 색이다.
끝을 보게 한 신작로, 삭은 전봇대, 오래된 자동차,
그 어둠의 골목에 어둠의 초상들이 밝힌 삶의 색들.
도대체 이들은 왜 이리 무거운가!
그토록 뜨겁고 격정적이고 자유분망하면서,
단 하루도 노래와 춤과 정열 없이 살 수 없으면서
왜 이리 삶의 길목은 어둡고 무거운가?

센트로 아바나

바람과 시간의 색

쿠바를 찾은 사진가들의 꿈은 하나같이 색이다.

유네스코가 올드 아바나 전체를 세계문화유산으로 지정한 것도, 또 트리니다드를 역시 세계문화유산으로 지정한 것도 색이었다. 색을 만드는 것은 빛이며 빛과 색을 만나게 하는 것은 시간이다.

결국 시간이 빛을 만들고 시간이 색을 만든다. 바로 풍경이다. 풍경은 동양화법에서 바람의 그림이고 시간의 그림이다. 자연은 바람이 만든 풍경이고 시간이 만든 풍경이다. 사진가들이 쿠바를 꿈꾼 것도 바람의 색, 시간의 색 때문이다. 지구상에서 유일하게 바람과 시간의 색을 함께 볼 수 있는 곳이다.

그러나 그 바람의 색, 시간의 색은 쉽게 눈에 띄는 곳에 있지 않다. 올드 아바나의 오래된 집들, 말레콘에 열지어 선 고색창연한 집들, 혹은 카테드랄 광장이나 프라도 거리, 더 멀리는 베다도 거리의 집들은 분명 사람들의 눈에 멋진 파스텔 색조의 집으로 보일 것이다. 그러나 아니다. 쿠바에서, 아니 아바나에서 바람의 색, 시간의 색을 본다는 것은 오로지 삶의 가장자리, 누구의 눈길도 받지 못한 후미진 길에 있다. 관광객들이 눈길을 주지 않은 곳에 있다. 진짜 사진가들라면 그곳을 갈 것이다. 두려움을 마다하지 않을 것이다. 그곳에 오랫동안 시간의 지층을 쌓은 바람과 시간의 색이 있다.

센트로 아바나

그곳에 가면 햇살이 만드는 색이 있고 어둠이 만든 색이 있다. 햇살이 만든 색은 밝고 경쾌한 파스텔 색조이며, 어둠이 만든 색은 어둡고 칙칙하고 무거운 색조이다. 기호에 따라 밝고 화려한 파스텔톤을 좋아할 수도 있고, 또한 어둡고 무겁고 거친 톤을 좋아할 수도 있다.

그러나 어느 색이 좀 더 삶의 색이고 존재의 색인가를 묻는다면 역사상 수 많은 미학자들이 그랬듯이 고통과 고뇌와 절망의 색이다. 사진가들은 어느 순간이 되면 색의 깊이, 색의 정열, 색의 존재감이 밝고 가벼운 색이 아니라 삶의 무게가 밴 고뇌의 깊은 색임을 안다.

사진가들이 쿠바를 오고 싶어한 것은 쿠바의 음악이 그렇듯이, 쿠바의 역사와 혁명정신이 그렇듯이 소외의 색, 억압의 색 때문이다. 관광객들이 좋아하는 밝고 화사한 색이 아니라 어둡고 칙칙한 색, 눈길과 마음을 줘야 보이는 습기찬 바람과 시간의 색이다.

사진가라면 그것들 앞에서 행복해 한다. 어느 순간 정신을 놓는다. 그저 하염없이 흐르는 바람과 시간 앞에서 감동의 눈물을 흘린다. 사진은 절반이 빛이고 절반이 색이다. 색은 빛이 꾸는 꿈이고, 빛이 갈망했던 영혼의 투영이다. 쿠바의 아름다움은 여기에 있다.

올드 아바나

그곳에서 어둠의 거리를 벗어나면 명멸하는 빛의 거리다.
거칠고 암울한 거리를 벗어나면 숨통이 틔는 활력의 거리다.
그곳의 색은 태양처럼 붉고 불꽃처럼 뜨겁다.
고뇌와 우수의 상념은 열정과 관능의 정념으로 바뀐다.
과연, 누가 어느 색이 낫다 말할 수 있겠는가?
과연, 누가 어느 인생이 올바른 인생이라 할 수 있겠는가?
새벽다음에 아침이 오고, 하루 해가 지면 밤이 오는 것을,
청춘이 가면 황혼이 오고, 열정이 식으면 지혜가 오는 것을.
쿠바의 색에 두려움을 느끼는 것은 이것이다.
함부로 판단할 수 없는 삶의 양면성, 아니 삶의 상호성,
열정과 냉정을, 혁명과 지혜를, 격정과 이성을 지닌 사람들,
경쾌한 것 같으면서도 뭔지 모를 우수와 애잔함을 양손에 쥔
쿠바적 삶을 바람과 시간의 색을 통해서도 알 수가 있다.

돌이켜 보면 어린 시절부터 코발트 블루가 좋았다.
초등학교 4학년 때 학급지 제호공모에서 〈푸른하늘〉로 공책 3권을 받았다.
푸른 옷을 좋아하고, 푸른 색 여자를 좋아하고, 푸른 새벽 안개를 좋아했다.
좋아하는 사진 색깔도 그렇고, 첫 개인전 전시 제목〈The Blue〉도 그렇고, 지금까지 찍은
컬러 사진의 색조, 정조, 빛깔도 그렇고, 나의 바람의 색, 시간의 색은 블루였다.
쿠바에서 내게 가장 많이 박힌 자동차 색이 스카이 블루였다. 가장 많이 찍혔고,
가장 많이 잡혔고 가장 많이 채집되었다.
그러나 그것이 어디 나의 취향 때문인가?
쿠바에서 가장 많은 자동차 색이 블루고, 가장 흔한 색이 블루아니던가?
그렇다면 그들은 왜 블루를 좋아할까? 왜 블루에 빠져들까?
그러나 사진의 자동차가 서 있는 주변 색을 보라?
빛이 들지 않는 이곳에서 삶의 색이 무엇인가를, 어둠뿐인 이곳에서
바람의 색, 시간의 색이 블루말고 가능할 수 있는가를.
색은 삶의 의미이다. 말해질 수 없는 영혼의 언어다.

센트로 아바나

인생은 "바람에 날리는 먼지 dust in the wind"라고 노래한다.
또, 우리의 인생 길이 "500miles"이나 아득하다고 노래한다.
이런 노래들은 밝음보다는 어둠을 향해 선 노래들이다.
행복과 즐거움과 희망보다는 슬픔과 절망과 고뇌를, 성공보다는 실패를, 결합보다는 단절을,
사랑보다는 이별을 마음에 아픔을 담아 노래하는 비극적 송가들이다.
대개는 흘러간 시간을 말하고, 과거를 말하고, 어제를 말한다.
기쁨은 대개 현재 속에 있고 슬픔은 대개 과거 속에 있다.
행복은 대개 완성의 모습이고 슬픔은 대개 미완성의 모습이다.
성공은 대개 햇빛 속에 있고 실패는 대개 어둠 속에 있다.
이 모든 경계 지점에 철학이 있고, 예술이 있고, 미학이 있다.
갈등과 번민이 없다면 철학이란 없다. 물론 진정한 예술도 없다.
저 아득한 초라함은 바람과 시간이 만든 길이고 색이다.

센트로 아바나

어떤 골목길을 돌아서면 예기치 않은 색이 있다.
그것은 어둠으로부터 일어난 공동체의 색이다.
단 한번 반짝이는 아침 햇살에 동네사람들이 모여
중국 기체조 파룬공을 한다. 뜻하지 않게 쿠바에서
동양의 기체조의 모습을 바라보니 그 정겨움이란 형용할 수 없이 크다.
어떤 색은 물질로부터 직접적으로 날아들어 물들고,
어떤 색은 정신으로부터 간접적으로 날아들어 물든다.

센트로 아바나

쿠바 사람들은 대체로 사진에 우호적이다. 어떤 사람들은 진실로 사진에 찍혀보고 싶어 한다. 방송 카메라 앞에서 아이들이 얼굴을 들이미는 것처럼. 카메라가 가진 가장 큰 매력은 욕망의 눈이다. 영원한 호기심. 그 염원과 갈망이 마침내 오늘의 디카에 이르게 되었다.

카메라에 순응적인 사람, 능동적인 사람, 자연스러운 사람은 3가지로 분류될 수 있다. 먼저 순수함. 여태 사진으로부터 침해 당한적 없는 사람, 카메라의 위험성을 모르는 사람이다. 대체로 아이들, 기술문명울 모르거나 낙후된 곳 사람이다. 두번째는 좋은 경험. 삶으로부터 사진에 친숙한 사람, 카메라가 삶 가까이 있는 비교적 서구사람이다.

세번째는 욕망과 자신감. 대체로 끼가 있거나 미남, 미녀 등 삶에서 사진으로부터 칭찬이나 부러움을 많이 받아 본 사람들이다. 포토제닉한 사람이다. 이에 반해 여기에 속하지 않은 다수의 보편적 사람들은 카메라를 피한다. 은연 중에, 경험에서, 혹은 잘해야 본전이라는 삶의 경험이 카메라의 눈, 사진의 시선을 기피하게 만든다.

이 사진은 멀리서 사진을 찍으며 걸어갔을 때 좌측으로 걸어왔던 두 청년이 카메라를 보자 내가 있는 쪽으로 길을 건너서 걸어오는 모습이다. 쿠바에서 종종 볼 수 있는 모습이다.사람들은 사진에 찍히기를 좋아하고 사진 그 자체에 호기심도 많고 또 순수해서 사진찍을 때 굳이 기피하지 않는다. 물론 그렇기 때문에 그들의 순수성이 침해되고 오용되고, 카메라의 욕망의 눈과 사진의 권력성에 희생당하기 쉽다. 그러나 알마나 순수한가. 한적한 아침길을 걸으면서 작은 것 하나로부터 마음의 색, 아니, 진정 따뜻하고 순수한 그들의 초자연적인 빛깔을 본다.

센트로 아바나에서 긴 퍼스펙티브가 있는 중앙중점의 골목길을 찍을 때면 소외된 사람들은 가장자리 사람들이다. 카메라가 골목길 가운데를 향하면 중심에 있는 사람이 주인공이다. 반면에 카메라의 가장자리에 있는 사람들은 한 순간 잘리거나 시선에서 밀려나간다. 삶의 모습이 이와 똑 같다.

중앙에서 스포트라이트를 받는 사람은 늘 스타가 되고 삶의 가장자리, 변두리 사람들은 존재감조차 없이 사라진다. 사진의 방식이나, 삶의 방식이나 드러나고 드러내는 측면에서 같다. 그래서 이렇게 긴 퍼스펙티브가 있는 골목길을 찍을 때면 가장자리로 밀리는 존재들의 모습, 빛깔, 마음에 관심을 준다. 삶의 프레임, 존재의 프레임이 우리들의 마음의 색, 마음의 프레임이다.

센트로 아바나

오래 전 그 화가는 그렇게 말했다.
채색의 밀도가 그리움의 밀도라고. 그리움의 밀도가 아득함의 밀도라고.
아바나의 거리는 깊은 채색의 거리.
휑한 거리의 바람이 아득함을 간진다.

센트로 아바나

센트로 아바나

어둠의 거리를 벗어난다. 아득함의 거리를 벗어난다.
센트로 아바나의 어둠의 거리는 결코 잊을 수 없을 것이다.
어둠의 거리에 잔해처럼, 파편처럼 자리한 올드카를 잊을 수 없을 것이다.
또한 어둠을 삶으로 여긴 그곳 사람들의 모습을 잊을 수 없을 것이다.
어둠의 거리에서 물러난다. 어둠으로부터 물러나면 언제나 빛의 거리다.

FRANCE
RAILROADS AT WAR
To the bitter end
Hemingway

헤밍웨이의 발자국

만남 없는 삶 없고 인연 없는 생 없다.
길은 만남과 인연, 삶과 생의 질긴 끈이다.
시간은 자국을 남기고 시간은 그 자국을 찾아간다.
고독이 아름다운 것은 혼자임을 깨닫기 때문이다.
세상 누구나 혼자다. 길이 고독한 것은 텅빔 때문이다.
찾아주지 않으면 영원한 공백.
만남 없는 삶이고 인연 없는 생이다.
그래서 고독하고 또 고독하다.
나는 그 길을 걷는다.

산프란시스코 파울라

세계 사람들이 아바나를 찾는 이유 중의 하나는 어네스트 헤밍웨이 때문이다. 생전에 그가 남긴 문학의 공간과 무대, 그 문학적 족적들을 맛보고 싶기 때문이다.

헤밍웨이가 쿠바에 처음 발딛은 때는 1928년, 낚시여행이다. 그로부터 4년 후 1932년 자신의 새로운 삶의 거처로서 쿠바에 입국, 혁명으로 1960년 추방당하기까지 30여 년 문학적 삶을 쿠바에서 보냈다. 이 시기에 생산한 작품들은 밤하늘의 별처럼 빛난다.

〈승자는 허무하다〉(1932), 〈오후의 죽음〉(1932), 〈아프리카의 푸른 언덕〉(1935), 〈가진 자와 못가진 자〉(1937), 〈제5열〉(1938), 〈누구를 위하여 종은 울리나〉(1940), 〈강을 건너 숲 속으로〉(1950), 〈노인과 바다〉(1952)가 대표적인 작품들이다. 그는 〈노인과 바다〉로 1953년 노벨문학상을 받는다.

헤밍웨이의 30여 년 문학적 궤적은 쿠바 아바나에 무수히 찍혀졌다. 아바나 곳곳에 그의 삶의 흔적과 자국들을 기념하는 표상들이 많다. 관광객들은 헤밍웨이가 쿠바에 입국하여 7년 간(1932-39) 머문 암보스 문도스 Ambos Mundos 호텔 511호, 자주 칵테일 모히토를 마셨다는 카페 프로리디타 En El Floridita, 라 보데기타 델 메디오, 그리고 라브델 맴 La Bdel M, 〈노인과 바다〉의 무대가 되었다는 어촌마을 코히말, 요트를 즐길 때 머문 마리나 호텔, 헤밍웨이 박물관이 있는 시외곽의 산 프란스시스코 파울라 San Francisco de Paula 를 찾고 싶어한다.
이들 가운데 특히 관광객들은 올드 아바나의 암보스 문도시 호텔 511호, 모히토를 자주 마신 프로리디타,〈노인과 바다〉의 무대 코히말, 그리고 특별히 문학적 생애를 모아둔 헤밍웨이 박물관을 즐겨 찾는다.

아바나를 찾는 관광객들처럼 나도 헤밍웨이 족적을 찾아 나선다. 나의 관심은 헤밍웨이 박물관 Museo Memorial Ernest Hemingway. 비가 부슬부슬 내리는 정오경, 차를 대절하여 아바나 시대로부터 2-30분 걸리는 산 프란시스코 파울라에 있는 헤밍웨이 박물관을 향한다. 문학탐방은 언제나 설랜다.

늘 그렇듯이 달리는 자동차는 영화처럼 생각이 들어 저절로 셔터가 눌러진다. 거기다가 아바나에서 처음 맞는 비라서 멜랑콜리 모드로 세상이 바라 보인다. 내 의지와는 상관없이 세상은 더욱 감상적이고 우울한 분위기로 연출된다. 차창으로 쏟아지는 비를 보고, 윈도 블러시가 후려칠 때 생기는 자국을 본다. 뿌연 비안개 사이로 다가서는 아바나 외곽의 서정성은 가히 죽음이다. 모리스 블랑쇼가 〈문학의 공간〉에서 말했던가? "문학은 시간의 그리움" 이라고.

오늘 입버릇처럼 말한 "문학이 옷을 입으면 사진, 사진이 옷을 벗으면 문학"을 실천한다. 그런 마음으로 헤밍웨이가 가히 20 여년을 달렸을, 보았을, 안았을 길을 달린다.

시내가 멀어질수록 급변하는 변두리 풍경.
거의 길들여지지 않는, 다듬어지지 않은 삶 그 자체의 자연성이 도처에 널려 있다.
이따금 영화에서 보는 3-40년대 미국풍경, 우리의 6-70년대 풍경이 아련히 다가선다.
비는 내렸다 그쳤다를 반복한다.

산프란시스코 파올라

언덕을 오르면 또 하나의 언덕이 나타난다.
삶 하나를 떠나보내면 또다른 삶이 찾아든다.

길은 바람의 언덕, 외길 신작로 단 하나...
사진을 찍으면서 도대체 왜 이런 길이 좋은지

스스로에게 묻고 묻는다. 길이 마음을 불러서겠지.
헤밍웨이도 이 길을 달려 바다로 향했겠지.

산프란시스코 파울라

그날 사람들은 노인이 잡아 온 고기뼈를 구경했다. 다들 고기의 크기에 감탄과 놀라움을 금치 못했다. 노인이 일어나자 소년은 노인에게 커피 한 잔을 내밀었다. 그리고 소년은 이제 자신과 함께 바다에 나가자고 노인에게 말한다. 그리고 노인의 손에 바를 약과 음식, 신문, 깨끗한 셔츠를 가지러 가면서 소년은 울었다. 노인은 다시 잠들었고 소년은 옆에서 그를 지켜보았다. 노인은 사자꿈을 꾸고 있었다.

〈노인과 바다〉에서 가장 강열한 상징은 꿈과 사자가 아닌가 생각한다. 노인은 결정적 순간에 잠을 자고, 잠을 잘 때마다 꿈을 꾸고, 꿈을 꿀 때마다 사자꿈을 꾼다. 나는 사진을 찍으면서 이 참에 그 꿈과 사자의 실체를 그의 박물관에서 살펴볼 생각을 한다. 또, 왜 꿈을 꾸지 않으면 실현 불가능했는지, 그 불가능한 꿈을 현실로부터 보려고 한다.

그리고 불가능한 꿈과 현실 공간이 왜 이곳 쿠바여야 했으며, 또 체 게바라는 왜 "우리 모두 리얼리스트가 되자. 그러나 가슴 속엔 불가능한 꿈을 가지자"고 했는지, 그렇게 끝없이 계속된 이 언덕, 이 길 끝에서 만날 헤밍웨이의 발자국에서 보려고 한다.

비는 간단없이 내리고 그쳤다를 반복한다.
그때마다 세상은 밝았다 어두웠다 한다.

그 때문에 노출도, 초점도 무용지물이다.
차는 그 오락가락 사이를 쉼없이 달린다.

그 사이에 매연은 독하게 코로 들어온다.

도대체 얼마를 가야 헤밍웨이를 만날까!

혹시 길을 못찾지는 않는지 걱정마저 든다.

끝없이 신작로 아스팔트를 보며 달린다.

운전사 자신도 헤밍웨이 박물관 길을 잃었다.
지나가는 차에 묻고 지나가는 사람에 묻는다.
차는 급하게 다시 왔던 길로 방향을 튼다.
그리고 목표지점을 향해 우측으로 꺾는다.
차도를 벗어나 차가 민가 쪽으로 접어든다.
어느새 비는 그치고 밝은 기운이 올라온다.

산프란시스코 파울라

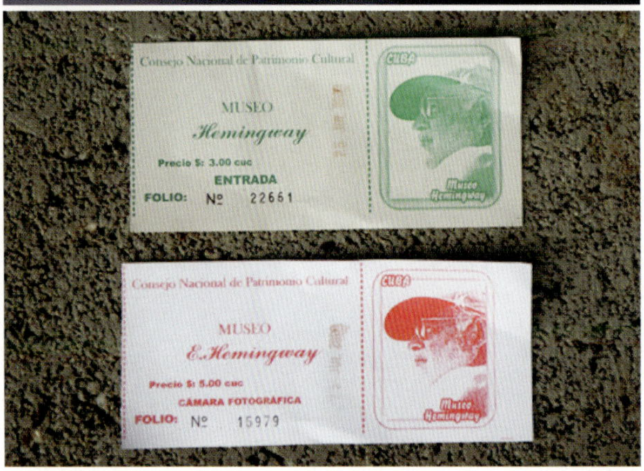

헤밍웨이 박물관 입구가 나타난다. 그럴듯한 입간판도 그럴듯한 매표소도 없다. 돈을 내고 표를 받자 입구의 개가 앞서 안내한다. 한 호흡에 완만한 코너를 돌자 숲길이 이어진다. 비를 먹은 숲들이 촉촉한 기운을 내품는다. 아바나에서 처음 만난 고요한 숲길이다. 자동차 매연에 중독된 코가 말끔해진다.

차에서 내리자 입장권을 요구 받는다. 한시대 인물은 화폐나 유가증권으로 기억된다. 헤밍웨이 얼굴이 인쇄된 두 가지 입장권을 낸다. 윗쪽 22661번 녹색 입장권은 박물관 입장권이고, 아래 15979번 붉은색 입장권은 촬영승인권이다. 박물관 입장료가 3,000원, 촬영료가 5,000원이다. 왜 그런지 그 까닭은 잠시 후에 밝혀진다.

잘 조성된 숲길을 돌자 박물관 입구가 나타난다. 정원은 꽤나 넓고 푸른 숲은 하늘을 가린다. 나무 하나, 풀 하나, 길 하나 그의 영혼을 본다. 저 안쪽 끝 건물이 헤밍웨이가 살았던 본채다. 오른쪽 건물은 창고였는데 현재는 부속건물이다.

헤밍웨이의 거처 안쪽은 관광객의 발길을 허락하지 않는다.
그저 눈으로 보라고 마음에만 담으라고 금지의 줄을 쳤다.
보는 것과 만지는 것이 다르고, 밟는 것과 품는 것이 다른데
오직 눈으로만 보라고 모든 창문을 열어 두었다.
비오면 어떡하지.
가만히 보니 비오면 닫았다가 사진 찍는 사람이면 그때 열어준다.
맨 처음 만나게 되는 곳이 현관,
너른 거실과 너른 주방이 보인다.
현관을 마주하고 왼쪽을 돌면 첫번째 방이 침실이다.
침대 좌우 측에 햇살 받는 창이 있고 우측에 아담한 책상이 있다.
누워서도 책을 볼 수 있게 침대가에 스탠드가 매달려 있고
낮은 책장 선반에는 타자기, 술병, 스케치판이 놓여 있다.
글을 좋아하고 술을 좋아하고 예술을 좋아한 성향을 보게 한다.
물론 벽 상단에 사냥꾼답게 박제된 순록의 두상이 매달렸다.
전체적으로 하얀색, 푸른색을 좋아했던 것 같다.

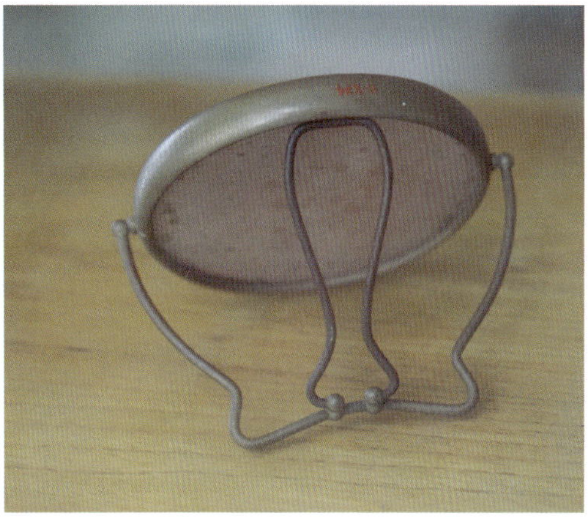

침실에서 좌측으로 돌면 욕실 창틀에 면한 경대가 나타난다. 그 위에 솔이 빠진 머리빗과 작은 원형 거울이 햇빛을 받는다. 오래 쓴듯한 하얀 머리빗은 가운데에 유독 솔이 많이 빠졌다. 1957년 유제프 카슈 Yousuf Karsh 가 찍은 사진에 보면 앞 머리칼이 모두 빠져 남은 긴 머리로 가린 모습이 보인다. 탈모에 대한 헤밍웨이의 스트레스를 짐작케하는 도구들이다. 탁자에 천년은 쓸 듯한 청동거울의 디자인과 장식성이 돋보인다.

욕실 안 쪽을 바라보면 푸른색 가림막과 흰색의 욕조가 보인다. 그 옆에 변기가 놓여 있고 또 변기 옆에는 몸무게를 쟀던 받침저울이 있다. g, kg 쇠뭉치를 추로 사용한, 참 오랜만에 보는 재래식 저울이다. 샤워하고 몸무게를 쟀던 것 같다. 1957년의 사진을 보면 그는 비만에 가깝다. 창틀 경대 우측에는 작은 3단짜리 세로형 책장이 있고 그 위에 선반이 있다.
꽂힌 책들은 주로 고전이고 책장 선반에 통가죽 슈트케이스가 있다. 아주 탄탄해 보이는데 그 것에 무엇을 넣어두었는지 궁금하다. 작은 선반 위의 작은 물병에는 기이한 형상의 물고기가 표본되어 있다. 낚시에서 잡은 듯 한데 실제로 사람을 닮은 기이하게 생긴 물고기다. 사람처럼 생긴 인삼을 넣은 인삼유리병을 생각하면 맞을 것 같다.

헤밍웨이의 거실겸 서재는 안채에 있다. 앞마당 현관에서 보면 침실 뒤에 위치하고, 뒷마당 쪽문에서 보면 정면에 위치한다. 6평 정도의 크기의 서재다. 밝으면서 중후하다.

전체 책들은 문학류, 신화류, 사냥에 관한 것, 낚시에 관한 것, 정치에 관한 것 등 다양하다. 정면 책상에 놓인 것들이 가장 눈길을 끈다. 좌측에 지구본은 탐험에 대한 의지를 보게 한다. 연필깎이, 편지 개봉용 칼, 스테이플, 예산장부, 우측으로 명함철, 각종 서류용 스탬프, 박제까지 집무실 책상처럼 각종 용품과 도구들이 가지런히 놓여 있다. 고급 붉은색 광택이 잔잔히 배어난다. 그러나 눈부셔 이런 곳에서는 글을 쓸 수 없을 것 같다.

문학의 공간에서 중요한 것은 글쓰기 공간과 환경이다. 시인과 소설가의 서재, 창작의 책상은 문체와 색깔을 결정한다. 헤밍웨이 문학의 공간. 죽은 자의 서재와 책상에서 발견되는 캐릭터, 그리고 살았을 때의 자국들이다.

안채에 마련된 대문호 헤밍웨이의 서재와 책상은 노벨문학상 수상자답게 전체적으로 중후하게 꾸며져 있다. 사후 변경이 있었는지는 모르지만. 그의 문학의 공간에 어떤 책이 꽂혔는지 어떤 흔적을 맡게 하는지가 중요하다. 헤밍웨이의 책상은 전체적으로 그만의 케릭터를 잘 드러내 보여준다. 책상 중앙에 놓인 3권의 책에 시선이 가는데 좌측 검은색 커버는 소백과사전이고, 가지런히 올려진 우측 2권의 책은 철학서이다.

또 시선을 우측으로 옮기면 선반에 낡고 탈색된 사진들을 볼 수 있다. 고기잡이 어선과 자화상이다. 〈노인과 바다〉를 상징한 듯한, 아니 바다낚시의 선수답게 실제 자신이 타고 나갔던 어선이었는지 모른다. 사진액자 앞에는 낚시꾼의 3대 필수품인 조명등, 라디오, 나침반이 놓여 있다.

탁자 위의 헤밍웨이의 초상은 언제 찍혀졌는지 모르겠다. 1957년 유섭 카슈가 찍은 헤밍웨이 사진과 많이 다르다. 자살한 해가 1961년이니까 불과 4년만에 극도로 쇠약해진 모습이다. 사진에서 특이점은 머리결을 우측으로 빗어넘겼다는 것, (57년 사진에는 머리를 좌측으로 빗어 넘겼다) 덥수룩하게 길렀던 수염을 말끔히 깎았다. 수척해진 말년의 모습에서 고뇌를 본다.
그는 모든 면에서 무소의 뿔이었다. 또 매사에 완벽주의자였고 도전자였다. 어린 나이 아버지의 자살을 극복할 만큼 강한 의지에 소유자였고, 험한 파도, 야생 사냥, 비행기 추락 등 죽을 고비를 무수히 넘긴 모험가였다. 〈노인과 바다〉는 그의 의지와 삶을 고스란히 반영한 작품이다.
그러나 죽기 직전의 고뇌는 한없이 깊었던 모양이다. 우울증의 원인이 무엇이었던 간에 뜨거운 태양은 식으면 더욱 차게 느껴지는 법. 초췌한 사진과 강한 무소의 뿔에서 시간의 발자국과 그 균열을 본다.

마침내 다다른 꿈의 공간

쿠바를 가기 전부터 웹상으로 보고 꿈을 꾸었던 헤밍웨이 문학의 공간이다. 인터넷에 올라온 관광객들의 사진 질이 좋지 않았지만 그 공간은 내가 꿈꾸던 이상적인 문학의 공간일 것이라 확신했다.

꿈의 공간은 안채에 면한 별채에 꾸며진 서재 겸 상상공간이다. 안채가 단층인데 반해 이곳은 하얀색 3층짜리 집이었다. 1층은 화장실이고 이층은 침실, 3층은 서재다. 꿈의 공간은 안채에서 올 때 곧장 3층으로 올라오게 되어 있다.

안채의 서재와는 달랐다. 안채의 서재는 누가 보아도 집무실이지 창작실은 아니었다. 그런 염격 조형 속에서 문학적 정신이 투명해질 수가 있을 까닭이 없다. 이곳 별채는 순수하게 문학 창작실로 사용되었던 것 같다. 전체적인 느낌도 그렇고, 가구의 세팅, 밝은 색조, 특히 바로 문을 열면 펼쳐진 뒷마당 후원은 가히 환상적이다. 줄을 쳐서 못 들어가게 했는데 비밀의 정원처럼 숲이 푸르고 빽빽하다. 헤밍웨이 공간답다.

서재를 바라보면 녹색 컬러에 좌측에 4단 높이의 책상이 있고, 정가운데는 심플한 보르네오 티크 책상이 놓였다. 그 위에 타자기 한 대, 연필통 한 개, 원고지를 눌러주는 조그만 중압기가 있다. 책상 우측으로는 천체 망원경 한대가 삼각대에 놓여 있다. 언제든지 문만 열면 하늘의 별자리를 볼 수 있는 방향이다.

책상 뒤로는 녹색 타일에 다소곳 밝은 책상과 세트인 의자가 놓였다. 의자 너머의 좌우측 창문으로 들어온 부드러운 빛에 조용히 빛나고 있다. 그 조용한 빛남이 다른 어떤 것에 우선하여 시선을 잡아챈다. 사진적이어서 그렇다. 창문은 다섯 개. 좌측으로 하나, 우측으로 네 개, 모두 안에서 밀게 되어 있다. 잔잔히 빛나는 바닥 타일은 녹색, 전체적으로 흰색과 녹색이 주조색이다.

인터넷에 올려진 사진들보다 실재 와서 본 풍경이 훨씬 더 좋다. 역시 직접 와서 보아야 대문호의 체취와 숨결이 느껴지는 법이다. 서재는 책을 좋아하는 사람들의 매음굴인 것이 분명하다.

BLACK

서재를 벗어나면 숲 속으로 안내된다.
오솔길을 따라 내려가면 수영장이 나오고, 저 유명한 헤밍웨이 요트가 짠! 하고 나온다.
그리고 그 수영장과 요트 사이에 붉은 벽돌로 묘를 쓴 4개의 무덤이 열지어 있는데
헤밍웨이가 생전에 키웠던 애완용 고양이들의 묘지이다.
좌측부터 린다, 네그리타, 블랙, 네론이다. 사랑의 자국이고 사랑의 징후들이다. 아름답다.

헤밍웨이의 요트. 크기로도 큰 편이고 시설도 럭셔리하다. 이 요트를 싣고 그는 마리나 헤밍웨이로 갔다. 마리나 헤밍웨이는 아바나 북쪽에 있다. 고급요트가 즐비한 곳. 쿠바에서 요트는 상상할 수 없지만 쿠바 주재 해외공관원을 위해 사유재산 반입을 허용하는 유일한 물품이다.

카스트로가 혁명에 성공하기 직전까지 헤밍웨이는 이곳에서 요트를 탔다. 지금 그곳에 헤밍웨이가 묵었던 호텔이 있고 유명한 아바나 클럽이 있다.

이제 돌아갈 시간이다. 헤밍웨이의 문학적 공간으로부터 벗어난다. 1시간 반 정도의 시간, 아주 짧은 시간이다. 그러나 만지지 못하고 오로지 보는 시간. 그 정도로도 충분하다. 그리고 이미 내게는 무엇을 보아야 할 것인지가 분명했기 때문에 시간 안에서 서두르지 않아도 볼 것 다 보고 담을 것 다 담았다.

삶의 진실과 환영이다. 차를 타고 오면서 줄곧 생각했던 것은 현실과 불가능한 꿈. 헤밍웨이의 문학적 코어이자 틀인 현실과 불가능한 꿈. 체 게바라의 혁명의 코어이자 틀인 현실과 불가능한 꿈. 이 두 가지 양립불가능한 정치적, 문학적 단초들을 헤밍웨이로부터 볼 수 있다면 그것은 무엇일까?

그의 문학적 공간에서 찾아낸 것은 환등기와 천체망원경이다. 이것이상 구체적인 물건으로서 확증하는 단초는 없을 듯하다. 환등기란 무엇인가? 말 그대로 현실로부터 추출된 환영이다. 또 실제 사진기로부터 찍혀진 꿈의 이미지다. 또 천체망원경이란 무엇인가? 그것은 꿈을 찍은 현실이다.

그는 환등기는 침대 가에 두었고, 천체망원경은 창작실에 두었다. 현실은 꿈으로, 꿈은 현실로 교묘히 뒤섞었다. 문학적 공간이나, 정치적 공간이나 꿈과 현실은 그에게 같다. 동전의 양면처럼 이항적 등가다. 현실의 면이 나오면 투쟁하다 죽고(체 게바라), 상상의 면이 나오면 자살이다(헤밍웨이). 결국 모든 죽음은 어떤 것의 양립불가능성이다. 그래서 미친다.

주차장에 운전사가 대기해 있다.
차에 올라 타자 그가 말한다.
이제 어디로?
"바다로 가주세요…
아니 모로성으로 가주세요"
원래는 구시가였으나 갑자기 바다가 그리워졌다.
차는 다시 왔던 길을 거슬러 올라간다.
하늘은 이미 파랄대로 파래졌다.
비는 더 이상 내리지 않는다.

산프란시스코 파울라

플로리디타

왔던 길을 돌아 갈 때는 언제나 방향이 문제다. 그 길을 따라 가면 그곳이 나오지만 방향을 틀면 다른 곳이다. 어느 길이나 어느 정도 가면 언제나 한번쯤 갈림길이 나오는데 그것이 바로 인생에서 쓴 맛과 단 맛을 보게 하는 삶의 이정표다. 나는 오른쪽을 선택하여 바다를 보고자 한다. 차가 달린다. 방향을 튼 차가 아직 찾아가지 않은 플로리디타를 스친다.

그곳이 어딘가! 헤밍웨이가 모히토를 즐겨마신 카페가 아닌가!

인생은 놀랍게도 방향과 코스 선택이다. 그 순간 현실과 꿈이 결정된다.

모로성

멀리 바다가 나타나자 갈등한다.
<노인과 바다>의 무대 코히말로 갔으면 좋았을 것이라고.
그곳에서 헤밍웨이가 보았던 바다를 보았으면 좋았을 것이라고.
그때는 그곳의 정확한 지명을 알지 못해 가지 못했다.
실수다.
올드 아바나 우측에 포진한 모로성을 향한다.
그곳에서 바라 본 아바나 시내, 말레콘, 카리브해는 죽음이다.
터널을 끼고 산허리를 넘자 바람이 세차다.
야자수가 흔들리고 바다도 일렁인다.
바다다.

잠에서 노인은 꿈을 꿨다. 아프리카 해변과 사자들 꿈. 노인은 잠에서 깨어 소년을 깨우기 위해 소년의 집으로 갔다. 그들은 어부들을 위해 일찍 문을 여는 레스토랑으로 가 커피를 마셨다. 그리고 노인은 소년이 준 정어리를 들고 바다로 나갔다.

–〈노인과 바다〉 중에서

카리브해

나시오날 호텔

부에나 비스타 소셜클럽

만남 없는 삶 없고 인연 없는 생 없다.
길은 만남과 인연, 삶과 생의 질긴 끈이다.
시간은 자국을 남기고 시간은 그 자국을 찾아 간다.
고독이 아름다운 것은 혼자임을 깨닫기 때문이다.
세상 누구나 혼자다. 길이 고독한 것은 텅빔 때문이다.
찾아주지 않으면 영원한 공백.
만남 없는 삶이며 인연 없는 생이다.
그래서 고독하고 또 고독하다.
나는 그 길을 달린다.

〈살롱 1930〉 입구에 감동적인 사진 액자 한 점이 걸려 있다. 저 사람이 누구인가? 전세계 음악팬과 영화팬을 사로잡은 부에나 비스타 소셜클럽의 전설적인 스타 콤빠이 세군도이다. 생전에 자신이 연주했던 기념비적인 무대였기에 호텔에서 그가 죽자 초상화를 내걸었다고 한다. 사진만 보아도 가슴이 쿵쾅거릴 마니아들이 있을 것이고, 정말 그의 명곡 〈찬찬(Chan Chan)〉이 들려오는 듯한 환청에 사로잡힐 것이다.

세계인들이 쿠바를 찾은 목적 중의 하나가 쿠바의 춤과 음악일 것이다. 쿠바의 춤은 어느 하나로 규정지을 수 없을 만큼 살사, 룸바, 차차차 등, 다양하다. 음악 또한 이것이 쿠바 음악이라고 규정지을 수 없는 다양성이 있다. 그러나 이것 하나만은, 즉 부에나 비스타 소셜클럽 만큼은 쿠바 음악을 규정하는 하나의 아이콘, 상징, 의미, 그리고 불멸의 신화라고 할 수 있을 것 같다.

물론, 독일의 영화감독 빔 벤더스, 미국의 뮤지션 라이 쿠더가 의기투합하지 않았다면 영화 〈부에나 비스타 소셜클럽〉, 그리고 동제목의 음반이 세상에 선보일 수 있었을까 의문스럽지만, 어쨌거나 빔 벤더스의 영화, 라이 쿠더의 음악과 무관하게 쿠바에 부에나 비스타 소셜클럽이있었고 그것이 쿠바 음악의 역사적 축을 이룬 것은 사실이다.

부에나 비스타 소셜클럽은 이제는 존재하지 않는다. 그 맴버들 가운데 핵심이라 할 수 있는 보컬 겸 기타리스트 콤빠이 세군도 Compay Segundo, 그리고 리드 보컬 이브라힘 페러 Ibrahim Farrer 가 세상을 떠났다. 그러나 여전히 부에나 비스타 소셜클럽은 쿠바 음악의 전통성과 신화적 전설을 유지하고 있고 그들을 보고 듣기 위해 찾는 사람도 많다.

부에나 비스타 소셜클럽의 전설은 사라졌지만, 또 그들의 공연을 볼 수 없지만 쿠바 아바나에서 그 흔적을 더듬는 일은 불가능하지만은 않다. 맴버도 바뀌고 성격도 바뀌고 스타일도 바뀌고 음악 또한 바뀌었지만 그 무대 그 장소에서 변함없는 쿠바 음악의 역사적 무대를 만날 수 있다. 바로 쿠바 최고의 호텔 나시오날 호텔에 있는 〈살롱 1930〉이다. 이곳에서 매주 수요일, 토요일 두 차례 공연하는 쿠바 음악은 관광객들이 가히 유일하게 들을 수 있는 현장감이고, 과거 부에나 비스타 소셜클럽의 냄새를 맡을 수 있는 무대다.

다만 영화 〈부에나 비스타 소셜클럽〉에 등장하는 맴버들도 없고, 영화의 O.S.T를 레퍼터리로 삼아로 연주하는 경우도 없다. 하지만 그곳 〈Salon 1930〉이 영화 속의 전설들이 연주했던 장소라는 사실만으로도 그들의 영혼과 교류하고, 뜨거운 심장과 감동을 만끽할 수 있다. 〈Salon 1930〉은 예약 필수이고 음악과 식사 포함은 우리 돈으로 5만원정도, 공연만은 2만 5천원 정도다.

Salon 1930

공연을 보기 위해호텔 로비를 지나 야외 가든을 가로지르면 이미 어둠으로부터 빛나는 음악적 분위기를 만끽한다. 식사 손님들은 8시에 입장을 하고 공연 관람 손님들은 9시를 넘어야 입장이 가능하다. 공연은 9시반. 〈살롱 1930〉을 향하는 길에 만나는 중후한 연주장과 관련 악기들의 장식성이 돋보인다. 호텔의 장중함이나 높은 천장, 커다한 대리석 칼럼들이 로마네스크풍의 건축양식이 쿠바 음악의 전통성과 잘 맞아 보인다. 생생한 공연을 보기 위해 남보다 일찍 앞자리를 차지하고 싶다면 7시 반 혹은 8시쯤부터 복도에서 기다리는 것이 좋다. 오는 순서대로 앞좌석을 배려한다. 바깥에서 기다려도 조금도 지루하지 않은 것은 호텔 주변의 경관과 분위기가 너무 좋아서다. 나시오날 호텔보다 운치 있고, 또 말레콘의 밤풍경을 직접 대면할 수 있는 풍광은 아바나에서 드물다.
야자수로 조성되어 있고 곳곳에 야외 가든, 카페, 레스토랑이 있으며 이동연주까지 있어서 운치와 낭만과 아름다움은 말로 표현하기 어렵다. 경제적 여유 있는 연인들에게 최고의 호텔이다. 가든 카페에서 마시는 모히토 맛은 술 못마시는 사람도 사로잡는다.

안내를 받아 입장을 하면 테이블에는 그날의 요리와 음료, 후식의 메뉴판이 올려져 있다. 깔끔하다. 공연에 앞서 식사손님들을 위한 음식이 먼저 나오는데 그 맛이 괜찮다. 음식 맛이 좋아 일단 기분이 좋아진다. 음식을 먹는 동안 자연스럽게 옆 테이블 손님들(주로 호텔 투숙객들)과 친해지는데 전적으로 사진 때문이다. 커플이거나 가족들이어서 서로 사진찍어 주는 가운데 친밀도가 쌓인다. 내가 카메라 장비를 앞세우고 앞좌석을 차지하자 주변 사람들이 알아서 조심스러워 한다. 테이블에 앉으면 음료 선택, 음식 써빙에 들어간다. 음료에는 와인, 맥주가 포함된다. 5만원이 작은 돈이 아니기 때문에 그 순간만큼은 VIP 같은 느낌이다.

공연이 시작되면 맨 먼저 무대에 여성 사회자가 올라 온다. 그녀는 스페인어, 영어로 축하, 감사의 말과 더불어 간략한 연주 내용을 말한다. 이어 12인조 밴드의 연주가 본격적으로 시작된다. 그날 레퍼토리는 차차차였다. 전통적인 쿠바 음악의 하나인 차차차를 듣는 것은 감동적일 것이나 마음 속으로 부에나 비스타 소셜클럽의 음악을 내심 기대했기 때문에 큰 감동이 일어나지 않았다. 또한 밴드 뮤지션들의 면면이 자꾸 부에나 비스타 소셜클럽의 맴버들과 비교되는 바람에 더욱 더 빠져들지 못하고 감흥도 일어나지 않았다. 기대가 크면 이렇다.

시간이 흐르고 차차차로 어느 정도 달아오르면 커플 댄서들이 나와서 차차차를 춘다. 우리가 알고 있는 차차차의 연주, 리듬, 춤과는 다르다. 전체적으로 룸바에 가깝고 카립소가 조금 섞인 리듬이고 춤은 살사, 룸바, 차차차의 혼용이다. 무대 위의 3명의 리드 보컬들만 비교적 차차차 리듬에 맞춰서 춤을 춘다.

무대 객석 앞에서 춤을 추는 댄서들의 모습은 프로다운 냄새는 나지 않는다. 어느 정도 춰야 쿠바 최고의 프로댄서라고 하는 지는 모르지만 좀 떨어진다.
무대 위의 보컬들의 전체적인 실력, 뮤지션들의 연주 실력, 댄서들의 실력을 종합하면 부에나 비스타 소셜클럽을 특A급이라고 할 때 B마이너스 정도라는 생각이다.

HOTEL NACIONAL
UBA
NACIONAL

부에나 비스타 소셜클럽의 전설적인 뮤지션들… 리드 보컬이자 기타 리스트에 콤빠이 세군도 리드 보컬에 이브라힘 페러, 여성 보컬에 오마라 포르투온도, 피아노에 루벤 곤잘레스, 보컬 겸 기타에 엘리아데 오쵸아, 첼로에 오르난도 칸첼리토 로페즈 등 쿠바가 낳은 명 연주자들이다.

그들은 연주 실력도 그렇지만 면면의 중후함과 중량감이 그대로 있다. 〈살롱 1930〉 뮤지션 중에서 현재 연주실력과 면면에서 중후함이 보인 이는 첼로 연주자 이 사람이다. 이름은 모르지만 가장 뛰어나 보였다. 연주자의 전설과 신화는 아무나 갖는게 아닌가 보다.

공연이 절정에 이르면 여성 노가수가 등장한다. 흥이 나면 무대를 내려와 관객의 흥을 돋구는 액션을 연출하는데 참여를 유도한다는 점에서 좋아보이지만 소란스러움과 가장연기 때문에 거부감도 든다.

어쩌면 부에나 비스타 소셜클럽의 여성 보컬 오마라 포르투온다와 비교하기 때문이다. 그녀의 중후함과 우아한 목소리 그리고 진정 노가수다운 연륜이 지금 가벼움으로 이끌고 있는 객석의 노가수의 행동과 비교된다. 그러나 관객들의 흥을 돋우어 음악과 춤으로 한 마음이 되는데 무슨 불만이란 말인가!

흘러 나오는 부에나 비스타 소셜클럽의 노래 4곡은 쿠바 음악의 명곡이다.
콤빠이 세군도의 〈찬찬〉, 이브라힘 페러의 〈칸델라〉, 엘리아드 오초아의 〈엘 카르텔로 툴라〉,
여성 보컬 오마라 푸르트온도의 〈그라시아스 알다 비다〉이다.
이 가운데 콤빠이 세군도의 〈찬찬〉만큼은 꼭 듣고 사랑해 보라.
쿠바에서 이 노래를 들으면 눈물을 흘릴 것이고 쿠바에서 돌아와 이 노래를 들으면
그리움에 가슴이 미어질 것이다.
영화 〈부에나 비스타 소셜클럽〉을 보고 콤빠이 세군도의 〈찬찬〉을 사랑하면
반드시, 틀림없이 쿠바행이 성사된다. 거짓말이 아니다.

말레콘의 새벽과 아침

새벽 말레콘에 서면 아득함과 만난다.
누군가에게 사랑이었고, 눈물이었을,
말론 형용할 수 없는 푸르름과 만난다.
또, 깊은 적요는 한때 그곳에 두고 왔던
온갖 삶의 시선을 담은 영혼과 만난다.
말레콘에 앉든, 서든, 걷든 피할 수 없는 운명,
그것은 헤밍웨이가 말했던 '독한 허무감' 이다.

아바나를 다녀온 많은 사람들이 일성으로 이야기하는 말레콘.
그들 말처럼 아바나는 말레콘으로 시작하여 말레콘으로 끝난다.
바다로 면한 방파제 하나가 정신과 역사를 가늠한다면 영혼 때문이다.
역사와 삶을 저당잡힌 무엇,
그래서 말레콘를 말하기란 두려운 일이다.
그저 내게 말레콘이란 아바나가 그렇듯이,
아니 쿠바가 그렇듯이,
이렇다가 아니라, 이렇게 내게 다가왔다고 말할 수밖에 없는 것이다.
새벽, 말레콘으로부터 아바나를 향한다.
밤은 아직 떠나지 않았다.

수억 번의 왔다가 사라진 파도처럼, 수억 번 어둠에서 명멸했던 불빛처럼,
카리브해의 새벽은 늘 푸르고 푸르다.
슬픔에 끝이 있다하나 이 세상에는 끝이 없는, 멈출 수 없는 슬픔이 있다.
그것은 끝이 없는 아득함의 슬픔이다.

말레콘

방파제 가로등을 하나씩 세면서 걸어가면 도시가 나온다.
수천 년 바다와 운명을 같이했던
그 도시를 향하면 여기저기서 닭들이 회치는 소리를 듣는다.
아바나의 아침은 그렇게 시작된다.

그곳에 가면 누구나 말레콘을 향한다.
그리하여 말레콘의 얼굴을 각인하나
오로지 하나의 모습으로 각인되지 못한다.
찾는 사람의 시간의 지층, 나이테에 관계없이
말레콘은 생각하려는 사람의 마음을 따른다.
그날 말레콘의 새벽은 내게 이런 풍경이었다

말레콘 .. 내 마음의 물빛.

황홀한 탐닉

부에나 비스타 소셜클럽에서부터 아바나 관광객 디카까지, 그곳의 모든 사람의 마음을 사로 잡은 말레콘의 전형적 풍경, 그럼에도 불구하고 영원히 계속될 것으로 보이는 각인된 풍경, 무엇 때문에 변하지 않은 시간의 화석인가? 황홀한 탐닉인가?

말레콘

시간의 바다

그곳에는 두 부류의 사람을 만날 수 있다. 무언가를 낚는 사람과 무언가를 잃는 사람...

말레콘

사람들은 그곳에서 밤새 노래를 부른다. 또 어떤 사람들은 밤새 이야기를 한다.
동이 훤히 터오를 때까지 부르고 나눈다.
어찌 그곳에서 술이 빠질 수 있겠는가! 젊다는 것은 마지막까지 간다는 것이다.

쿠바는, 아바나는 온통 올드의 천국.
올드카에서 올드 하우스, 올드 로드,
빛나는 광선, 아름다운 색, 삶의 자연성,
어느 곳을 향해도 이미 사진이 되어 있는 곳,
말레콘, 그 가운데서도 가장 사진적인 곳...
떠나지 않고 어찌 알까, 적셔야 하는 것을...

선샤인 아바나

그곳의 모든 거리는 태양의 거리.
그곳의 모든 거리는 어둠의 거리.
태양과 어둠이 모퉁이를 사이에 둔다.
이 극단적 조화와 운율이 음악을 낳았을까?
이 극단적 대비와 균형이 춤을 낳았을까?
태양은 빛과 어둠을 동시에 끌고 다닌다.

북회귀선이 지나가는 쿠바 땅으로부터,
카리브해의 미풍이 흐르는 쿠바 땅으로부터,
태양의 강렬함과 부드러움을 조화시키는 일은 어려운 일이다.
아무리 마음으로 연주한다해도 다다르지 못한 표현의 한계,
두 눈으로 보아버린 그 태양, 그 광휘와 어찌 비교할 수 있을까.

아바나의 골목길을 걸을 때마다,
햇살이 강렬하면 강렬할 때마다,
그 햇살에 어둠이 짙으면 짙을 때마다,
하얀 옷을 입은 사람을 볼 때마다,
떠오른 부에나 비스타 소셜 클럽.
마음에 박혀버린 이미지 하나 때문에 더 뜨거운 열정이 솟아난 것은 좋으나
마음의 강박관념에 상처는 얼마나 컸는가!

눈이 부셔 바라볼 수 없는 곳이라면 쿠바일 것이다.
어둠이 깊어 헤아릴 수 없는 곳이라면 쿠바일 것이다.
밝고 어둠이 극단적으로 대비를 이루고 있는 이곳에서
옷의 화려함이 주는 정신적 눈부심은 또 얼마나 강렬한가!
대낮에 일어나는 초현실의 환각성, 눈과 마음을 빼앗긴다.

태양과 바람의 우애는 사랑이다.
바람없는 태양은 죽음일 것이고 태양없는 바람은 절망일 것이다.
이 낡은 거리에 낮게 부는 바람은 태양 때문에 시간 속을 걸어가고
태양은 바람 때문에 시간 속을 걷는다.

삶은 시간 사이의 균열이다.
시간과 시간 사이로 부서지는 틈과 틈 사이로 밀려나는 파편이다.
시간을 걷는다는 것은 그 부서지고 밀려난 삶의 균열과 파편을 보듬는 것이다.
걷지 않으면 볼 수 없는 다가서고 밀려나는 삶의 균열과 파편들, 빛과 어둠의 잔해들

올드 아바나

"보는 이는 보이는 세계로 통한다."
어떻게 찍느냐는 어떻게 보느냐가 결정하고,
어떻게 보느냐는 어떤 시선이냐가 결정한다.
시선의 문제, 혹은 그것의 어려움에 대해서
메를로-퐁티는 〈눈과 마음〉에서 말한다.

"내가 볼 수 있는 사물은 내가 볼 수 없는 사물이다."
그것은 하나의 사물이 또 다른 사물 뒤에 숨어 있기 때문이다.
보이지 않는 사물의 깊이를 보는 것은 어렵다. 보이는 것이
보이지 않는 사물을 향하기에 겨우 볼 수 있을까 말까 한다.
하나의 사물은 언제나 또다른 사물의 밖에 있다.
그래서 세계에 다가가는 방법은 깊은 시선밖에 없다.

사진가에게 깊은 시선이란 결국 보이지 않는 것을 보는 것이다.
그렇다면 어떻게 보이지 않는 것을 볼 수가 있으며
또 보이지 않는 사물 너머로 시선을 돌릴 수 있을까?
그 답은 예상외로 아주 간단하고 명료하다.
늘 사물 앞에서 그것의 전면과 이면, 부분과 전체,
드러난 것과 감춰진 것을 보려는 눈과 마음이면 된다.

센트로 아바나

영화 〈밀양〉은 영어로 〈Secret Sunshine〉으로 표기된다.
이때의 밀양의 의미는 숨어 있는 죽음, 기억되지 못한 삶이다.
즉 밀양이 상징하는 비밀과 햇살은 절망적 소외와 부활이다.
비밀은 익명성의 기표이면서 또한 떠도는 자의 부표이다.
삶 곳곳에 드러나지 못한 익명의 존재들, 그것들의 어느 순간 부활.
영화 〈밀양〉이 보여주듯이 깊은 어둠은 늘 빛나는 햇살로 구원된다.
어둠을 만드는 햇살이 어둠을 구원한다는 사실이 놀라운 삶의 역설이다.

센트로 아바나

빛이 희망이면 어둠도 희망이다.
빛이 절망이면 어둠도 절망이다.
빛과 어둠은 부단한 삶의 선택.
상황에 따른 감춤과 드러남이다.
그것에 어떤 존재의 차이란 없다.

〈노인과 바다〉의 주인공 이름은 산티아고.
〈연금술사〉의 주인공 이름도 산티아고,
영화 〈골〉의 주인공 이름도 산티아고.
고통과 희생, 희망과 절망, 고난과 상처를 다룬
해질녘 인생 역정의 소설, 영화 주인공 이름 중에는
산티아고가 많다.
'순례', '순교'의 의미 때문이다.
산티아고라는 말은 고행의 성스러움의 의미를 갖는다.
그래서 언제나 길이 있고, 빛이 있고, 뒷모습이 있다.
인생의 마지막, 고행의 길과 그 끝의 성스러움이다.
산티아고는 오랜 시간이 만들어낸 아득함의 길이다.
노인과 바다처럼, 연금술사처럼.

FUN TASTIC
GO AHEAD

빛을 따라간다는 것은 곧 어둠의 경계에 이른다는 것이다.
빛의 끝이 어둠의 경계이기에 빛의 마지막은 어둠의 시작이다.
세상에는 오는 길과 가는 길이 있으며, 앞모습과 뒷모습이 있다.
삶이 그러하듯이 오는 길, 앞모습은 언제나 빛의 영역이며,
죽음이 그러하듯이 가는 길, 뒷모습은 언제나 어둠의 영역이다.
아바나의 지독한 태양 아래서 지독한 어둠을 바라본다.

모든 다가오는 것들은 반드시 멀어진다.
만나서 "안녕" 했던 것들은 떠나면서 "안녕"을 고한다.
다가오면 필연적으로 멀어지는 것이 삶이며,
멀어지면 필연적으로 사라지는 것이 삶이다.
앞모습과 뒷모습 사이에 인생이 있다. 삶이 있다.

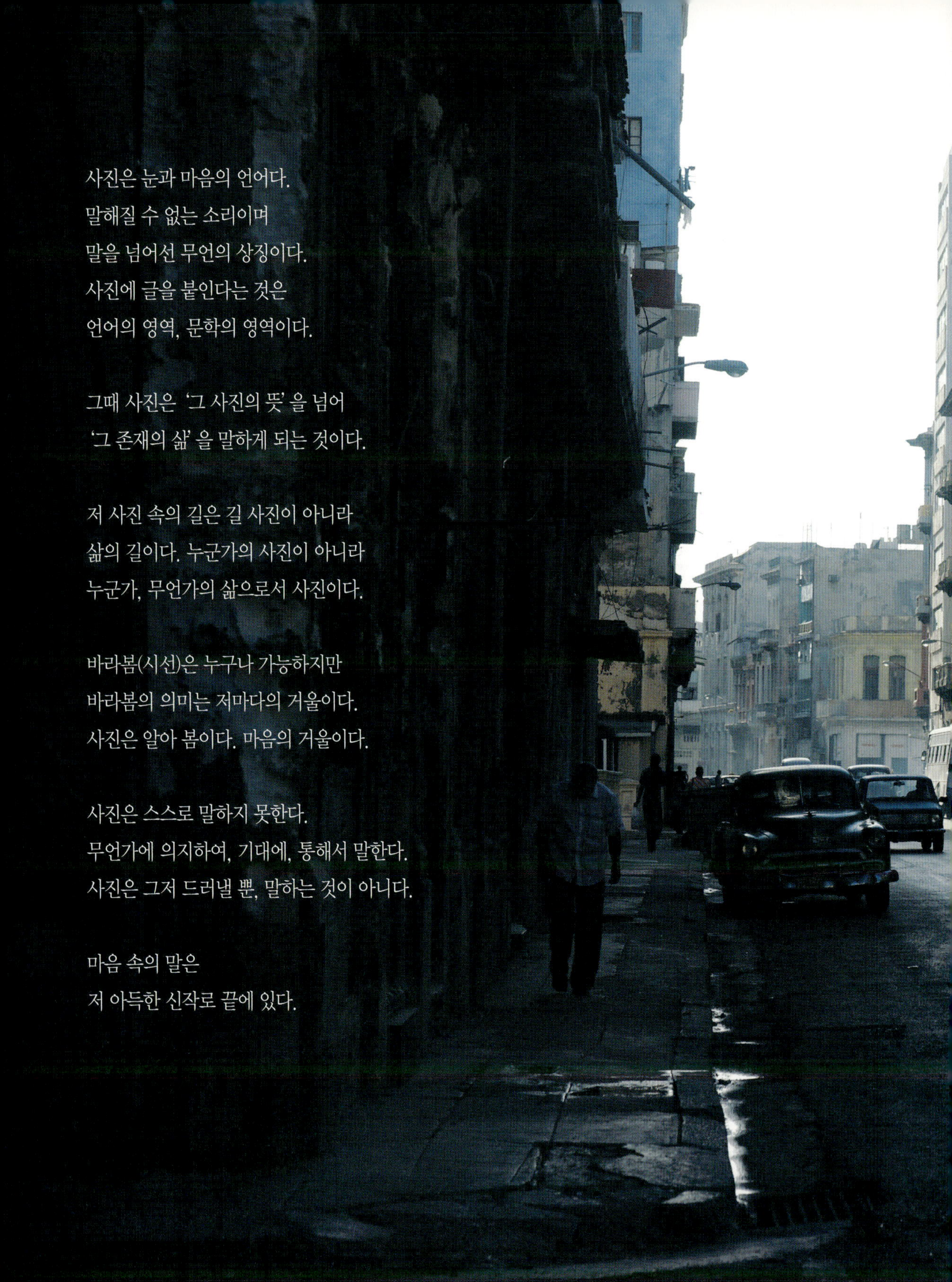

사진은 눈과 마음의 언어다.
말해질 수 없는 소리이며
말을 넘어선 무언의 상징이다.
사진에 글을 붙인다는 것은
언어의 영역, 문학의 영역이다.

그때 사진은 '그 사진의 뜻' 을 넘어
'그 존재의 삶' 을 말하게 되는 것이다.

저 사진 속의 길은 길 사진이 아니라
삶의 길이다. 누군가의 사진이 아니라
누군가, 무언가의 삶으로서 사진이다.

바라봄(시선)은 누구나 가능하지만
바라봄의 의미는 저마다의 거울이다.
사진은 알아 봄이다. 마음의 거울이다.

사진은 스스로 말하지 못한다.
무언가에 의지하여, 기대에, 통해서 말한다.
사진은 그저 드러낼 뿐, 말하는 것이 아니다.

마음 속의 말은
저 아득한 신작로 끝에 있다.

그 사람은,
비밀이 많은 사진이
좋은 사진이라 했다.
그 사람은,
보면 볼수록 비밀이 새어나오는 사진이
좋은 사진이라 했다.
그 사람은,
떠날 수 없게 마음에 상처로 박힌 비밀스런 사진이
좋은 사진이라 했다.

만약 그렇다면,
나는,
얼마나 많은,
떠날 수 없게,
마음에 상처로,
박힌,
비밀스런 사진을,
갖고 있을까!

다가섰다 멀어짐은 한 순간이다.
커졌다 작아짐은 한 순간이다.
맺혔다 풀어짐은 한 순간이다.
나타났다 사라짐은 한 순간이다.
사진은 그 사이에 있다.
그 순간과 찰나 속을 거닌다.
사진의 우연성과 덧없음은 숙명이다.

빛의 걸음을 지켜보는 것은 빛의 달아남을 지켜보는 것이다.
그 점에서 빛의 인식은 바라봄의 인식이라고 할 수 있다.
또 그 점에서 바라본다고 하는 것은 어떤 변화의 추적이다.
그 추적이란 멀어지고 작아지고 사라지는 것에 대한 시선이다.
결국 시선이다. 사진은 시선이다. 시선에 대한 이야기다.
사진이란 빛의 걸음을 바라보는 어떤, 누군가의 시선이다.
그렇게 시작된 이야기이고 또 그렇게 끝이 난 이야기이다.

855 5567

아바나의 밤

세상에서 밤과 낮의 경계가 없는 곳이 쿠바가 아닐까.
색을 뺀다면 삶의 모습 그대로인 곳이 쿠바가 아닐까.
시간의 색, 바람의 색이 낮이나 밤이나 그대로인 곳.
낮은 낮대로 밤은 밤대로 진한 삶의 냄새를 풍기는 곳.
깊은 어둠의 아바나 밤길을 걷는다. 애수의 길을 걷는다.

아바나의 밤은 말레콘에서 시작하여
말레콘으로부터 떠나간다.
말레콘의 노을이 어느덧 힘을 잃고 스러지면
가로등이 하나 둘 켜진다.
그리하여 가로등 너머로 마지막 햇살이 사라질 때
불빛은 바다를 태우고,
바다를 향한 사람들의 마음은
더욱 평온해지면서
세상은 고요 속에 묻힌다.

아바나의 밤을 알리는 또 하나 전령사는 올드카.
올드카의 헤드라이트는 말레콘의 어둠을 밝히고, 바다를 향한 사람들의 마음을 격정으로 설레게 한다.
아바나의 밤이 이제 막 커튼을 열어 젖히고 나온다.

사람들의 눈에는 안 보이지만 카메라는 잡아낸다. 사람들의 눈에는 사라졌지만 카메라는 붙들어 맨다. 바다를 사이에 두고 가로등과 하늘의 마지막 악수. 사람들은 바다를 향했던 얼굴을 가로등으로 돌린다.

밤이 깊어가면 사랑도 깊어가고 밤이 깊어가면 우정도 깊어간다.
사랑과 우정의 밀어, 말레콘의 밤.

말레콘을 넘어온 어둠이 도시를 뒤덮는다.
조명 너머로 날아드는 가난한 자들의 이야기들,
그들의 빛나는 삶의 자국들,
그 어둠으로부터…

센트로 아바나

별빛이 어둠에 박히고 사람들이 집으로 돌아가면
밤이 길가로 걸어나온다.
이때부터 빛나는 모든 것들은 제 스스로 고독에 몸부림친다.

베다도

베다도

밤의 색을 바꾼다. 어둠을 흑으로, 밝음을 백으로.
원래의 색은 붉은색이었다.
짙은 어둠 속에서 홀연히 빛났던 붉은 피에 가까운 선홍색이었다.
그 붉은 선홍빛을 모노크롬으로 바꾼 것은
아바나 뒤안길에서 바라본 멜랑콜리와 노스탤지어다.
흑백의 색은 현실의 색이 아니라 관념의 색이다.
쉽게 드러나지 않는 정신의 색이고 영혼의 색이다.

컬러였다면 달라졌을 것이다.
만약 컬러였다면 어둠에 가린 폐차가 아니라 세월이 칠한 아름다운 한 폭의 그림이었으리라.
낮에 가 본 그 길을 밤에 가면 색의 향연은 사라지고 빛과 어둠, 텅빈 주검만 널브러져 있음을 본다.
색이 빠져나갈 때 현실의 감각도 빠져나간다.

베다도

밤은 덧없음의 코너이고 돌아서지 못한 벽이다.
밤길은 끝없는 어둠이고 눈길은 아득한 명멸이다.
사람은 그렇게 밤을 향하고 이겨내고 극복한다.
어둠의 골목길을 돌고, 눈부심의 가로등을 안고 끝없이 밤길을 걷는다.
그 길에서 길을 잃는다.

베다도

베다도

밤길을 오랫동안 걷지도 못했고 많은 밤길을 걷지도 못했다.

아바나에서 만큼은 특별한 예외였다.

그 이유를 돌이켜 보면

그곳의 낮과 밤의 모습은 다르지 않았고

낮이 곧 밤의 얼굴이었다.

낮과 밤의 정취가 결코 같을 수는 없으나 아바나 만큼은 그랬다.

그곳의 깊은 낮이 내게는 밤의 모습이었고

낮은 또 내게 깊은 밤이었다.

베다도

밤은 낮이 꿀 수 없는 꿈이다.
또, 밤은 낮이 가질 수 없는 얼굴이다.
밤은 언제나 불가해한 낮의 그리움이다.
해가 진 어둠과 별이 진 어둠을 밤이라 하나
어쩌면 낮이 잃어버린 어떤 것인지 모른다.
아바나의 밤은 내게 그런 모습이었다.
낮과 다른 밤이 다른 얼굴이 아니라 낮이 잃어버린,
낮이 꿀 수 없는 꿈,
낮이 가질 수 없는 그리움,
언제나 불가해한 낮의 이면이었다.

센트로 아바나

타국의 밤은 결국 나그네의 눈길이다. 멈출 수 없는 유랑이고 쉼없는 흐름이다.
짧은 순간 다가와 사라지는 바다의 부표처럼 낯선 땅 어둠과 밤에 대한 이국의 눈길이다.
나그네에게 밤이란 회향의 발걸음이며 그렇게 스쳐지나가는 덧없음의 편린이다.

현실의 지평에서 밤을 바라본다.
빠졌던 색을 채워 다시 밤을 바라본다.
아바나의 밤은 어떤 얼굴이었던가?
다시 눈을 감고 아바나로 건너간다.
마음의 거울을 닦는다.
기억 속에 있는...

말레콘

| 쿠바에 가면 쿠바가 된다 | 영혼의 바다, 그리고 사랑 |

북회귀선
캐 리 비 언 블 루 스

바다에 기대면 사랑에 빠지고
사랑에 빠지면 바다에 떨어진다.
상승과 추락은 언제나 동시성이다.
사랑은 연습이 아니라 실습이다.
북회귀선은 게자리다. 게걸음이다.

카리브해, 말레콘

북회귀선. 영어로는 'Tropic of Cancer 또는 Northen Tropic'이라 한다. 또 우리 말로는 하지선이라 한다. 즉 여름이 흐르는 자리라는 뜻이다. 북회귀선을 어원적으로 풀면, Cancer는 암이라는 뜻도 있지만 게 crab 라는 뜻도 있다. 따라서 고대 희랍어의 게를 뜻하는 Karkinos, 라틴어 Cancrum에서 유래된 것이다. 희랍어든, 라틴어든 게자리는 June Solstice의 의미를 가진다. 즉 주노 여름 의 태양이다. 북회귀선은 이처럼 뜨거운 게자리가 지나간다는 뜻으로 Tropic of Cancer를 쓴다.

동양의 하지가 그렇듯이 태양이 남중하는 뜨거운 날이다. 고도가 90도 직각이다. 태양의 천정을 통과하는 위선이 하늘의 적도를 남에서 북으로 가로지르는 열락의 선이다. 북회귀선은 사하라 사막을 횡단하고 인도의 켈커타를 횡단하고, 중국 광저우를 통과하고, 멕시코시티를 횡단하고 마침내 극적으로 쿠바 아바나 북쪽을 통과한다. 북위 23도 27분의 위도선. 햇살이 수직으로, 직각으로 비추는 태양선이 곧 북회귀선이다.

카리브해. 특히 그것은 운명의 북회귀선이 통과하고 달래는 여름의 바다 sea of caribbean 이다. 그래서 쿠바의 북회귀선과 카리브해는 운명적인 궁합으로 만나게 된다. 열을 식히고, 열을 죽이고, 열을 삭히는 태양과 바다가 공존하는 곳이 쿠바다. 하늘의 선, 바다의 선, 땅의 선, 인간의 선이 맞닿은 운명선이다.

카리브해, 말레콘

그날 난 울었어요.
내게서 헨리를 빼앗긴 날,
어쩌면 그에게 다가설 거리를 사랑했기 때문인지...
여자로 성숙되는 과정이 너무 고통스러웠어요.
이제부터 덜 울기 위해서...
또 고통을 잊은 지금
그 상실감에 익숙치 않기에 또 다시 울어요.
-헨리 밀러의 〈북회귀선〉

뜨거움은 한 순간이며 뜨거움의 인식은 언제나 정점이다.
정점 없는 뜨거움이 없으며 정점 없는 차가움 또한 없다.
태양과 바다가 어울리는 것은 그 때문이다.
뜨거움이 없다면 바다의 존재란 얼마나 미약하고 무감각의 시선인가.
북회귀선은 마지막으로 되돌아보는 열정과 냉정의 선이다.

카리브해, 말레콘

사랑은 한 순간이지만 여자는 한 세상이지요.
그 순간 만큼은 모든 걸 잊는 게 여자지요.
당신을 모두 가질 수 없다면 반만 갖겠어요.
–핸리 밀러의 〈북회귀선〉

아프로디테가 그랬고 비너스가 그랬듯이 여자는 바다에서 태어나 바다 때문에 죽는다.
신화는 이를 여자의 숙명, 파도와 거품 때문이라고 한다.
스스로 파도를 만들고 스스로 거품으로 꺼진다는 것이다.
그러나 바다의 여자는 얼마나 아름다운가! 성스러운가!
한 여름, 포말로 부서지는 한 순간일지라도...

견딘다는 것은 얼마나 숭고한 모습이며
끝까지 간다는 것은 또 얼마나 거룩한 모습인가.
끝까지 자기 자리를 지킨다는 것은 성좌의 모습이다.
모든 흐르는 자리에는 별과 별자리가 있다.
파도와 파도의 거품이 있다. 정지와 움직임의 순간에.

세상에서 가장 어려운 일
세상에서 가장 힘든 일
세상에서 가장 고통스러운 일
사랑을 얻는 일
사랑을 지키는 일
사랑이 식는 일

그러나, 그 어떤 사랑도
다가옴이 없다면 떠나감도 없다.

나시오날 호텔 가든

모든 물결은 바람이 스친 결과이듯 모든 사랑은 바람이 스친 결과일 것이다.
사랑은 바람의 냄새를 서로 맡는 것, 태양의 뜨거움을 서로 태우는 것, 바다의 사랑은 한 순간 태양의 사랑이다.

나시오날 호텔 가든

한 때인지 알면서, 한 순간인지 알면서 한 순간에 그걸 잊는 것이 삶의 단면이다.
덧 없음을 알면서, 사라짐을 알면서 한 순간에 그걸 잊는 것이 생의 단면이다.
바다에 서면 그 순간 만큼은 삶의 단면들을 본다.
세상의 모든 바다는 지나온 시간의 거울이다.

결국은 내가 보는 것이고 내가 인식하는 것이다.
태양이 지나가고 시간이 지나가고 바람이 지나가는 것을
바라보고 마지막까지 지켜보는 것은 태양도, 시간도, 바람도 아닌 나다.
내가 돌면 바다가 보이고 내가 돌면 육지가 보인다.
북회귀선은 어떤 치우침을 허락하지 않는 중립의 자리다.
누구에게도 기울기를 허락치 않은 중성의 자리다.
뜨거우면서 차가운 자리고, 시작이면서 끝인 자리고,
그 순간으로부터 모든 것이 달라지는 생의 자리다.
북회귀선은 당신의 마음의 자리다. 삶을 닮은 눈금선이다.

카리브해 모로성

그들의 사랑

사랑을 꿈 꾸기에 그곳에 가고 사랑에 빠졌기에

그곳에 머무른다.

사랑에 눈 멀었기에 그곳에 가고

사랑에 지쳤기에

그곳에 머무른다.

말레콘, 아바나의 사랑보금자리...

말레콘

나의 이름은 페르난도, 나의 여자는 미샤, 나의 집은 아바나, 나의 여자는 비날레스,
나의 직업은 정비사, 나의 여자는 간호사, 우리가 만난 건 운명, 우리가 만난 건 한달...

모로성

Love was blue, love was true, at a time ...
Love was red, love was back, at a time ...

누울 만큼 넓고 안을 만큼 넓다.

사랑의 방정식은 어디나 같지만 사랑의 환경은 다 같지는 않다.

사랑에 빠지고, 죽을 수 있는 곳, 말레콘, 아바나의 사랑보금자리...

사랑의 감각은 느낌을 따르고 사랑의 취향은 밀도를 따른다.
사랑의 본능은 격정을 따르고 사랑의 결정은 의미를 따른다.

채워진 사랑은 포만, 비워진 사랑은 결핍.
포만과 결핍의 간극은 늘 지겨움과 지루함.

남자는 육체로서 사랑을 확신하고 여자는 마음으로서 사랑을 확신한다.
남자는 물리적 거리로 사랑을 확신하고 여자는 심리적 거리로 사랑을 확신한다.
남자는 접촉으로서 사랑을 확신하고 여자는 언어로서 사랑을 확신한다.

사랑의 시작과 끝은 언제나 같다.
시작의 거리와 끝날 때 거리가 같고, 시작할 때 말과 끝날 때 말이 같다.
사랑의 시작과 끝은 어떤 극성이다.
붙으면 떨어지고 떨어지면 붙는다.

CUBA
SDE 903
2

쿠바사람들은 꿈을 꾼다

쿠바 사람들에게는 늘 그곳, 자신들의 자리가 있다.
자신이 세상을 바라보고 사람을 보는
변함없는 포지션이 있는 것 같다.
그곳, 그 자리, 그 높이, 그 앵글로
오고 가는 사람을 보는 시선의 자리다.
어떤 사람은 골목이고, 어떤 사람은 대문이고,
어떤 사람은 계단이고, 어떤 사람은 창문이다.

어떤 때는 마음을 놓아버리고 싶다.

카메라를 놓고 그저 마음의 눈으로, 내 안에 부는 바람의 일렁임을 느끼며,

아름다운 세상, 마음의 거울로 마주하고 싶다.

산책이 그리운 이유는 아름다운 삶 때문이다.

아무리 각박해도 이 순간 만큼은 행복을 바라는 아름다운 삶 때문이다.

희망과 긍정 때문이다.

트리니다드

큰 길보다 작은 길,
멋진 길보다 소박한 길,
높은 집보다 낮은 집,
심플한 집보다 어지러운 집에 행복한 삶의 풍경들이 마음의 거울처럼 빛이 난다.
엄마는 사랑스러운 아들을 보고 아이는 야옹이를 본다.
건네가고 건내오는 시선 속에 사랑의 샘물이 솟는다.
가난하지만 행복하기 때문에 살아갈 존재 이유가 있다.

센트로 아바나

할머니 화가세요?
.......?????
할머니의 그림이세요?
.......??????
할머니 사진 한장 찍어도 되요?
(검지를 들어 하나를 표시하자)
끄덕 끄덕 끄덕
할머니 고맙습니다.
.......???????

언어보다 소중한 마음의 신호

센트로 아바나

힘깨나 쓰는 인상 험악한 남자가 야옹이와 논다.
그 재미난 모습에 겁없는 불청객이 끼어든다.
고양이를 손으로 가리키며 검지 손가락을 치켜든다.
고양이 한장 찍어도 되겠느냐는 예외없는 나의 수신호다.
험악한 얼굴이지만 예외 없이 그도 고개를 끄덕인다.
그래서 찍혀진 사진이다. 세상에 이 남자같은
장딴지와 허벅지를 가진 몽땅짜리 다리를 못보았다.
이 남자에 비해 야옹이의 다리는 얼마나 고결한가!

트리니다드

Janiel Des Pimo Pelegrin
Jose Mendoza # 306 % Agustin Bernal
Restoy Ferjardo, Trinidad de Cuba

두 사람 중 누구 이름인지도 모르겠고 정확한지도 모르겠다. 그러나 설사 이름과 주소가 틀렸더라도 보내면 받을 것이다. 해질녘 천천히 거리를 거닐었을 때 첫 눈에 다가왔다. 참 아름답고 행복한 커플이구나, 어쩌면 저리 안온할까?

삶은 말할 수 없이 척박한데 미소만큼은 찌든데가 없다. 사진을 찍고, 그들의 모습을 보여주고, 그리고 돌아선다. 잠시 후에 뒤쪽에서 들려온 힘찬 남자의 발자국소리... 남자가 무언가 쪽지를 건낸다. 주소다. 그리고 멀어진다. 세상에 태어나 처음으로 자신들의 모습을 본 것처럼, 아니, 여태 이런 이미지를 가져본 적이 없었던 것처럼 사진이 마음을 흔들었나보다. 기억에 오래 남은 사람들.

부에나 비스타 소셜 클럽의 인상은 참으로 크다.
특히 콤파이 세군도와 이브라힘 페러의 인상은 크다.
쿠바의 거리에서 이따금 비슷한 인상들과 마주친다.
아주 작은, 부분의 인상조차도 강렬하면 비슷해 보인다.
모퉁이를 돌았을 때 마주친 이브라함 패러를 닮은 어떤 인상,
그는 아름다운 옐로와 블루를 배경으로 잠시 쉬고 있다.

센트로 아바나

할머니는 내가 이상했을까?
알다가도 모를 일이라고 생각했을까?
아무 것도 보잘 것 없는 이 골목길에
어슬렁거리는 낯선 사람의 시선이 기이했을까?
가만히 나를 쳐다보고 바라보고 시선으로 뒤좇는다.
저리 고생을 하면 시원한 냉차 한잔이라도
사 마실지 모른다는 생각을 하고 있는 것일까?
그렇기에는 나는 너무 선진국형 인간이다.
갈증에도 호텔 생수를 마셔야 겠다는 생각뿐이었다.

센트로 아바나

트리니다드

한 아이가 대책없이 운다.
아이 엄마는 나를 보자 아이를 찍으라고 말한다.
사진이라는 기이함으로, 낯선 사람으로 아이를 달래 볼 심산인가보다.
내 기억에 나도 대책없는 울보였다.
떼를 쓰면서 울었고 가리지 않고 울었다.
아랫집 할머니의 주머니에서 대침이 나오기 전까지
떼를 쓰면서 울고 울고 또 울고 또 울었다.
목이 쉬도록 울고 그것이 억울해서 또 울었다.
그리고서 우는 자신이 서러워서 또 울고 울었다.
어려서 많이 울어서인지 커서는 잘 울지 않는다.
스스로 눈물샘이 말랐다는 생각을 한다.
아이는 나를 보고, 카메라를 보고, 셔터소리를 듣고 고민한다.
울아야 하나 말아야 하나, 멈추면 지금까지 운 것이 억울한데...
아이는 잠시 동안만 울음을 멈췄다. 그리고 멀어지자 다시 울기 시작한다.
지금까지 운 것이 억울하고 서러워서 계속 운다.

외국 TV의 영향을 받았거나 어느덧 서구의 모방을 경험했거나
아니면 자신이 스타성을 발견했거나 아니면 스스로 타고난 마성을 개발 중이거나
소년은 카메라 앞에서 자신 만만했고, 사진 찍어도 좋냐고 물었을 때 당연한 듯 응대했다.
고등학교 2학년, 이름이 라오스마니라고 했다.
이름 기억하기가 쉬웠다.
프로야구 용병 라오스와 돈을 연상하면 잊지 않고 기억하게 된다.
장래 희망을 묻자 모른다고 했다.

트리니다드

여간해서 사람을 정면에서 찍지 않는다.
사람 찍는게 싫어서가 아니라 두려워서다.
초상권 때문이 아니라 해줄 수 있는 게 없어서다.
그래서 특별한 경우가 아니면 정면에서 찍지 않는다.
정면에서 찍어야 할 경우 꼭 허락을 받거나 간절히 부탁한다.
사람을 찍는게 어렵고 힘든 것은 내가 그들을 위해
무엇을 해줄 수 있는지 그 책임질 수 없는 약속의 무게다.
그들의 초상으로 내 자신을 위해 이용하는 것이 아니겠는가?
꽃을 파는 아줌마 이름은 세레나.
사진은 허락했으나 끝끝내 카메라를 향하지 않는다.

올드 아바나

쿠바를 향할 때 기내에서 이것만은 기억하자고 외운 게 딱 하나 있다.
"뿌에또 시까르 포토스?" 사진 한장 찍어도 괜찮겠습니까?
꼭 찍고 싶은 사람이 있을 경우 한번 쯤 시도해 볼 요량으로 외웠다.
여행 내내 이 말을 사용한 경우는 열 번도 채 되지 않는다.
사람을 찍을 마음도 없었을 뿐만 아니라 수인사가 더 통했기 때문이다.
"뿌에또 시까를 포토스?", 라고 말하면 시 그러세요, 혹은 노 찍지마세요 로 답한다.
끝을 약간 올려주고 손가락으로 셔터를 누른 행동을 하면 다 알아 듣는다.
트리니다드에서 만난 이분. 피보다 진한 계단에 앉아 있길래
뒷모습이 좋아 일단 몰래 한장 찍고 "뿌에또 시까를 포토스?" 라고
말하자 웃으면서 고개를 끄덕인다. 그러나 정면은 내 마음에 없었다.

트리니다드

올드 아바나

나는 미스터 빈을 좋아한다.
만화건, TV건, 영화건 즐겨 본다.
올드 아바나 골목길을 걷는데
나하고 딱 눈길이 마주쳤다.
앗! 미스터 빈이닷?

"뿌에또 시까르 포토스?"

"씨~이~이"

실제는 안 그랬는데 사진은 좀 울적하게 나왔다.

트리니다드

잘사는 부자들 나라보다, 또 잘사는 부자 동네들보다,
가난하고 못사는 나라, 동네에서 유년의 나를 발견한다.
유년의 산맥은 여전히 견고한 삶의 지층이다. 상처다.

트리니다드

모든 삶의 풍경은 그 사람이 현재 처해 있는 삶의 조건이다.

트리니다드로 가는길

쿠바에 가면 뜨거운 태양 속에서 차를 고치는 사람들을 많이 본다. 전화 한 통으로 단 몇 분만에 정비차가 달려오는 선진국과 다르게 땡볕에 길가에서 서너 시간, 어떤 때는 한나절 차를 고치기도 한다. 아바나에서 트리니다드로 가는 길, 비아술 고속버스 의 에어콘이 고장났다. 고속버스에는 기본적으로 운전기사가 2명이다. 뜨거운 햇살 속에서 정말 힘을 합해 열심히 차를 고친다. 그 모습에 절로 고개가 숙여진다. 차 안의 승객들은 무더위 찜통 속에서 불평없이, 그리고 조용히 기다린다.

트리니다드 가는길

쿠바에서는 일반 개인이 자동차를 가질 수 없다고 한다.
쿠바 혁명 이전에 소유했던 차량들은 소유를 인정하지만
혁명 이후 특별한 지위, 임무, 조건, 환경에 있지 않는 한
사유재산으로서 개인이 자가용을 가지지 못한다.
대신 국가는 차량들이 국민의 발, 소유라는 인식을 심어준다.
손을 흔들면 차가 서고, 사람들은 차에 몸과 마음을 싣는다.

그곳 아이들의신발 사랑은 대단하다.
옷은 벗고 다녀도 신발만은 벗지 않는다.
평생 나이키 신발이 소원이라는 아이도 있다.
내유년시절에도, 옷은 어떻게 입어도 좋으나
신발만은 고무신이 아닌 운동화를 신고 싶었다.
일년에 한두번, 설과 추석에 운동화를 선물받는데
며칠 밤을 머리맡에 두고 잤던 기억이 생생하다.
아이들에게 운동화는 장수의 말과 같은 존재다.

다 드러내지 않는 당신이 아름다운 당신이다.
오로지 마음으로 그리는 당신이 영원한 당신이다.
나는 이 정도에서 당신을 찍고 물러선다.
이 세상, 다 보여줘도 모른다 하는 세상이 있고,
절반으로도 다 안다 하는 세상이 있다.

트리니다드

쿠바사람들의 카메라를 향한 마음은 두 가지인 것 같다.
자신이 카메라에 찍힌다는 묘한 선택의 의외성에 갈등하는 것 같고,
시선과 시선의 나눔 그리고 찍고 찍힘의 감정에 갈등하는 것 같다.
카메라가 가면 그들은 시선을 어디에 두어야 할지, 어떤 자세로 있어야 할지
스스로 고민하고, 저마다 갈등하고, 마침내 이러지도 저러지도 못한다.
그 짧은 순간에 정면으로 바라본 사진이 있다면 분명 둘 중 하날 게다.
카메라를 바라보도록 했거나 아니면 자연스럽게 의식하도록 했거나…
그곳 사람들은 카메라를 향하지 못한다. 심지어 찍히는 것 자체를 미안해 한다.
그 옛날 우리 어머니, 누나들이 그랬던 것처럼 이쁘지 못해 미안한 것처럼,
잘나지 못한 사람이 찍혀서 미안한 것처럼 몸 둘 바를 몰라 한다.
바로 이 '몸 둘 바 몰라 하는' 생생한 모습을 그곳에서 볼 수 있다.

트리니다드

세상 어디나 젊은 여자는 사진이다. 용기다. 욕망이다.
가장 찍기 쉬운 사람이 여자고, 여자들 그룹이고, 여자들 모두다.
그들은 찍기를 좋아하고, 찍히기를 좋아하고, 새롭게 태어나기를 좋아한다.
그에 비하면 남자들은 얼마나 안으로 재고, 밖으로 허세를 부리는가.
세상 사진의 모델이 절반은 여자이고 절반은 남자였을 것이나
여자가 없었다면 사진은 암흑이었거나 죽음이었을 것이다.
누가 시키지도 않았는데 미소 지은 저 아름다움, 사진은 미소다.

카메라는 자신 앞에 놓인 사람이 백인인지 흑인인지,
살결이 까만지 하얀지, 밝음인지 어둠인지 모른다.
그저 백인 피부도 황인으로, 흑인 피부도 황인으로 만든다.
이 카메라의 우매함을 작가들은 '18% 적정의 덫' 이라고 한다.
카메라 자동노출은 언제나 세상의 밝기를 18%로 고정한다.
당신은 알고 있는가? 18%의 밝기가 황인의 피부 밝기라는 것을…
모든 카메라가 자동노출에서 백인을 백인의 피부로,
흑인을 흑인 피부로 만들지 못한다는 사실을…
그래서 마음으로 헤아리고 조절하고 매만져 주는 수밖에 없다.

트리니다드

쿠바 사람들에게는 늘 그곳, 자신들의 자리가 있다.
자신이 세상을 바라보고 사람을 보는 변함없는 포지션이 있는 것 같다.
그곳, 그 자리, 그 높이, 그 앵글로 오고가는 사람을 보는 시선의 자리다.
어떤 사람은 골목이고, 어떤 사람은 대문이고, 어떤 사람은 계단이고 어떤 사람은 창문이다.
삶의 자리는 새벽, 아침, 오후, 저녁이 따로 없다. 늘 그곳에 있는 듯 보인다.
새벽 촬영을 위해 거리로 나섰을 때 사진가보다 일찍 나와 마치 사진가를
기다리고 있는 듯한 사람들이다. 그들이 더위를 못 참아 나왔다고 하기에는
너무도 처연한 존재론적인 자리지킴이다. 굳은살 박힌 삶의 거소이다.

트리니다드

바다의 아이들

늦은 시간이지만 여전한 햇살을 뚫고 말레콘을 걷는다.
가족들도 많고, 연인들도 많고, 소리꾼도 많고, 낚시꾼도 많지만
역사상 모든 나라의 해안 방파제는 아이들의 몫, 천국의 놀이터다.
그곳의 한 무리의 아이들을 발견하고, 친구가 되어 한나절 시선을 붙잡는다.
물랭, 고메즈, 세뇨의 이름을 가진 아이들, 모두 아바나에 산다.
아이들 말이 귀엽다. 촬영비를 안받는단다. 자신들은 물놀이 왔단다.
돈을 벌기 위해 사진가를 위한 연출의 물놀이를 하는 아이들도 있나보다.
그들의 물놀이를 보면서 나의 어린시절을 떠 올린다.
어린시절에 수영과 더불어 잠수를 했는데 아이들 가운데서도 실력이 있었다.
그 즈음에 바다의 깊이를 알았고 배 밑창을 잠수하면서 칠흑의 어둠을 보았다.
어린 나이였음에도 다른 아이들보다 높은 곳에서 다이빙을 했고,
더 많은 낚시배를 붙여놓고 밑창을 잠수하여 스스로를 실험했다.
물랭과 고메즈가 어린 시절 나를 닮은 듯 했다.
말 안들었던 나의 개구쟁이 시절의 모습을 떠 올리고는
두 놈을 특별히 많이 찍었다. 세뇨는 어리고 착하다.
그들은 지치지 않는다. 주변의 인물들이 수시로 바뀌었으나
그들은 여전히 말레콘의 주인공이었고 마린보이들이었다.
그러고 보니, 해수욕을 했던 것이 까마득하다.
도대체 언제 바다에서 수영을 했지?
[illegible] 해운대 해수욕장이 지척인데
[illegible] 바닷물은 멀다. 석양의 눈물이다.
[illegible] 노랫말처럼...

말레콘

산티아고

이 청년의 이름은 페르난도.
말레콘에서 본 가장 특이한 남자.
멀리서 뒷 모습을 보았을 때
그의 동작을 가늠하기조차 어려웠다.
춤을 추는 듯이 보였고, 노래를 부르는 듯이 보였고,
퍼포먼스, 혹은 요가나 파륜공을 하는 듯 보였다.
그 움직임은 너무도 부드럽고 완만했으며
바람에 물결치듯 나풀거리는 움직임이었다.
가까이 다가갔을 때 비로소 알게 된 정체.
그는 낚시를 하는 중이었다. 낚시대가 없는 낚시.
꿈을 꾸듯, 바다의 의미를 던져 낚으려는 듯,
단 한마리의 고기도 잡지 못하면서도
먼 바다를 향해 낚시줄을 던지고 던진다.
춤을 추듯 던지고 당기는 모습은 고상하고 진지하다.
〈노인과 바다〉의 주인공 산티아고였다.

베다도

엔딩 씬은 밤이다. 그러고 보니 쿠바의 밤에 대해서, 춤에 대해서 말하지 못했다.
노래에 대해서도 말하지 못했고, 시거에 대해서도 말하지 못했고, 빛에 대해서도...
다 말할 수 있다고 하는 것은 무례이며, 다 찍었다고 하는 것은 오만이다.
그저 바람처럼 아니 영화처럼 스쳐간 짧은 삶의 단상, 부스러진 파편일 뿐,
오로지 내 자신에게 다가왔던 자아의 반영, 거울일 뿐 이상도 이하도 아니다.
쿠바에 대한 많은 인상을 말하면서도 이렇게 쿠바의 밤의 인상을 깜박하다니...

혁명광장

쿠바에서 체 게바라를 만난다는 것은 쉽다.

거리 곳곳에 그의 얼굴과 정신이 있고

또, 빛이 내리는 곳에 그의 열정이 있다.

체 게바라를 사랑하는 사람은

산타 클라라을 가면 되고,

혁명의 족적을 원하는 사람이라면

마에스트라 산맥을 가면 된다.

혁명광장

텅빈 쿠바정신의 혁명 광장

관광객들에게 가장 의아스러운 광장

많은 사람들이 체 게바라의 초상과 혁명 정신과 영혼이라서 찾은 이곳은

와서 보면 실감하듯 텅빈 광장이다.

혁명기념일을 즈음해서조차 텅빈,

그저 아름다운 햇살과 긴 그림자와 이따금 새들만 놀고 있는 혁명 광장.

호세마르티광장

그것에 가면 또 한 사람의 혁명정신과 만난다.
바로 호세 마르티, 쿠바 혁명정신의 아버지다.
빛나는 햇살, 눈이 시리도록 푸른 하늘 아래에서
쿠바 국기와 더불어 광장을 찾는 민중을 맞이한다.

혁명광장

사르트르가 우리 시대 가장 위대한 인간이라고 했던 사람.
볼리비아 정글에서 마지막 생을 거두기까지 혁명을 꿈꾸던 사람.
혁명의 참 모습을 "불가능한 꿈을 향한 의지"라고 했던 사람.
그리하여 마침내 우리 마음 속 혁명의 신화가 되어버린 사람.
그곳에 가면 혁명의 눈동자로 광장을 바라보는 체 게바라를 만난다.

혁명광장

이제 그곳에 혁명의 불꽃은 꺼졌는지 모르겠다.
대신 관광객들의 기념사진 무대가 되었는지 모르겠다.
더 이상 혁명이 없는 혁명 광장, 혁명은 기억 속에 있다.

혁명광장

사진가 체 게바라

쿠바에서 체 게바라를 만난다는 것은 쉽다.
거리 곳곳에 그의 얼굴과 정신이 있고
또, 빛이 내리는 곳에 그의 열정이 있다.
체 게바라를 사랑하는 사람은 산타 클라라를 가면 되고,
혁명 족적을 원하는 사람이라면 마에스트라 산맥을 가면 된다.
그러나 나는 오로지 사진 때문에 체 게바라를 만나려 했다.
내게 체 게바라는 혁명과 더불어 사진가로서 체 게바라다.
많은 사람들은 그가 사진가였다는 사실을 모른다.
혁명 중에 사진을 찍고 사진으로 세상을 보려 한 사실을 모른다.
아주 최근에 체의 미망인이 체가 찍은 사진을 모아 전시했다.
사진을 보지는 못했으나 쿠바에 대한 체의 시선을 알고 싶었다.
이 세상에 사진보다, 사진을 능가한 리얼리스트의 표상은 없다.
사진은 생생한 현실의 시선이고 현실의 반영이다.
혁명가 체가 사진을 즐기고 사랑했다는 것은 그러한
사진이 갖는 리얼리즘의 정신과 표상의 정신 때문이다.

나는 실제로 쿠바에서, 지금껏 보지 못하고
아니, 만나지 못한 인간에 대한 깊은 예의와 진실을
쿠바, 쿠바 사람에게서 보았다. 사실이다. 그러나
말없는 말로 진실을 말한다는 것이 얼마나 두려운 일인가!
그 점에서 이 세상 최고의 리얼리스트 사진가는 체 Che 다.

세멘테리오 콜론

세멘테리오 콜론을 가면 산 자와 죽 은자의 길을 볼 수 있다.
하늘이 열린 길과 땅이 열린 길이 있다.
그리고 그 경계선에
나무와 집, 또는 벤치며, 나무며, 경계석이 놓여 있다.
이것들을 바라보고, 밟아보고, 느끼며, 찍으면
최적의 세멘테리오 사진이 만들어진다.
세상 어디나 전체가 있고 부분이 있다.
또 드러나는 것이 있고
감춰진 것이 있다.
그것들이 모여 있는 곳이 묘지일 것이다.

세멘테리오 드 콜론, 베다도

쿠바 사람들은 세멘테리오 드 콜론 cementerio de colon 이라고 부르고,
관광지인 이곳을 외지인들은 네크로폴리스 콜론 necropolis colon 이라고 부른다.
1871년에 조성되기 시작한 이 거대한 쿠바 공동묘지는 면적이 55헥타아르로 가히 세계 최고다.
약 200만 개 정도의 묘가 매장되어 있다하니 거의 도시 규모라 할 수 있을 것 같다.
쿠바 정부는 이곳을 관광상품으로 만들어 입장료도 받고 촬영료도 받는다.
외국관광객들이 이곳을 찾는 이유는 단 하나, 묘지를 장식한 각양의 장식물들이다.
어떤 사람들은 거대한 조각공원이라 하고, 어떤 사람들은 국제조각전시장이라고도 한다.
가히 한나절 이상 걸리는 이 거대한 공동묘지는 쿠바인들의 정신의 무덤이다.
우리로 치면 국립현충원이고 독립투사의 묘지이고 망월동같은 국가희생자들의 묘지다.

이곳을 문닫기 1시간 전에 도착했다. 난색을 표하는 관계자들의 모습을 살피며
그야말로 불이나케 달려갔는데 1/10도 보지 못하고 쫓기듯이 그곳을 물러났다.
다행히 짧은 시간이었지만 광선도 좋고, 인적 또한 드물어 느낌은 환상적이었다.
사진가들이 이곳을 방문하면 관광객처럼 보아서도, 찍어서도 안된다.
역사, 묘지의 질서, 생김새, 장식물과 안팎의 조형물을 보고, 그런 다음 아름다운
풍경이 끝없이 연출되어 조각, 건축, 성당, 수도원, 고성의 느낌을 한번에 안아야 한다.
이곳에서 세계에서 가장 큰 공동묘지를 만난다는 것은 사진가에게 큰 행복이다.

너른 묘지에 참 다양한 인물들이 묻혀 있다. 특히 야구선수들의 묘지가 인상적이다. 쿠바는 야구선수가 국민들의 영웅이다. 아마야구의 최강 쿠바는 야구를 자존심으로 안다. 묘지 곳곳에 쿠바를 빛낸 야구선수들의 헌정탑이 있다. 서산의 해를 보며 박찬호도 죽으면 저리 될까 생각했다.

그리스 로마의 죽음의 공간에는 세 가지 물건이 있다. 하얀 대리석 기둥과 검은 문과 그리고 빛나는 은색 열쇠다. 하얀 대리석은 존엄의 성스러움과 고결함을 상징하고, 검은 문은 죽은 자와 산 자의 경계를 빛과 어둠으로 가르고, 은색 열쇠는 죽은 자의 시신을 영원한 동결로서 봉인하는 의미다.

이러한 매장의 정신적, 상징적 풍습은 동서양이 따로 없다. 고인돌과 선돌이 정신의 죽음으로서 족장의 무덤이었다고 하니, 그리스 로마의 신전들이나, 이집트의 피라미드나 다를 바 없다. 아바나의 세멘테리오 콜론에도 비록 값싸고 모방의 자국들이나 죽음의 정신만은 세계성을 공유하고 있다. 전체가 대리석이며, 죽은 자의 안팎의 공간에는 어김없이 검은 문(창살)과 열쇠가 있다. 그곳에서 사진이 갖는 깊은 어둠과 명멸한 빛남을 맛볼 수 있다.

쿠바는 국민 대다수가 절대적인 가톨릭을 종교로 한다.
당연히 공동묘지에 가톨릭 장식물들이 주류를 이룬다.
성경에 나오는 천사상들도 많고 사도들의 상도 많다.
그것들이 적절한 공간으로부터 적절히 하늘을 향하기에
흑백으로 찍었을 때 그 느낌이 더욱 더 성스럽게 나온다.
아름다운 세털 구름과 석양빛에 묘지의 성스러움이 묻어난다.

아바나 세멘테리오 콜론에 가면 그림같은 묘지들이 있지는 않다. 화려한 조각 장식물에 정신이 팔리거나 대리석 빛에 눈이 멀면 흑백의 미감이 그리고 작은 세부들이 쉽게 눈에 들지 않는다. 작은 부분을 보고 세상을 흑백으로 보는 사람만 볼 수 있고, 또 그런 미감으로 볼 때 보이는 풍경이라 할 수 있다.

많은 관광객들은 이곳에서 조각장식물만 열심히 컬러로 찍는다. 그러나 이곳은 흑백이 어울리고 흑백으로 보아야 성스러움이 묻어난다. 세상의 모든 묘지는 흑백이 죽음의 색이고 정신의 색이고 영혼의 색이다. 그래서 찍을 때 흑백모드로 선택하고, 모니터에서 흑백 이미지를 감상하면 이곳 묘지가 가져다주는 흑백 풍경의 미감에 그만 홀딱 빠질 것이다. 쿠바는 전체적으로 흑백, 컬러가 조화를 이루나 이곳은 단연 흑백이다.

묘지에서 사진을 찍을 때 '눈길' 이 중요하다. 여기서의 눈길이란 곧 시선이고 초점을 말하는데 그러나 마음의 시선이 눈의 시선으로 전이된다는 점에서 우리말 눈길이 훨씬 더 미감적이고 정서적이고 사진적이다.

산 자와 죽은 자가 마주하는 묘지에는 두 가지 눈길이 있다. 산 자들이 묘지를 찾아가면 죽은 자들은 영접하는 자들이다. 산 자들이 떠나가면 죽은 자들은 멀어짐을 지켜보는 자들이다. 왔다가 떠나감 앞에서 죽은 자의 시선은 참으로 중요하다. 산 자의 시선보다 죽은 자의 눈길이 중요한 이유가 이것이다.

묘지에서 사진을 찍을 때 초점 포인트에 고민해야 한다. 눈길로서 초점을 어디에 두어어하는지 고민과 생각이 필요하다. 묘지가 산 자들의 공간이 아니라는 점에서 사진 찍을 때 부단히 죽은 자의 눈길을 고려하면서 찍어야 한다. 보이지는 않지만 죽은 자의 눈길이 사진에서 느껴지게 해야 한다.

죽음이 있는 곳에 길이 있다.
골고다 언덕길이나 오르페우스의 길은 성서적으로,
신화적으로 죽음이 있는 길이다.
모든 묘지에는 육체의 길과 영혼의 길이 있다.
육체의 길은 산 자의 것이고 영혼의 길은 죽은 자의 것이다.
대지와 하늘은 묘지에서 중요한 질서고 조화이다.
세멘테리오 콜론을 가면 산 자와 죽은 자의 길을 볼 수 있다.
하늘이 열린 길과 땅이 열린 길이 있다.
그리고 그 경계선에
나무와 집, 또는 벤치며, 나무며, 경계석이 놓여 있다.
이것들을 바라보고, 밟아보고, 느끼며, 찍으면
최적의 세멘테리오 사진이 만들어진다.
세상 어디나 전체가 있고 부분이 있다.
또 드러나는 것이 있고
감춰진 것이 있다.
그것들이 모여 있는 곳이 묘지일 것이다.

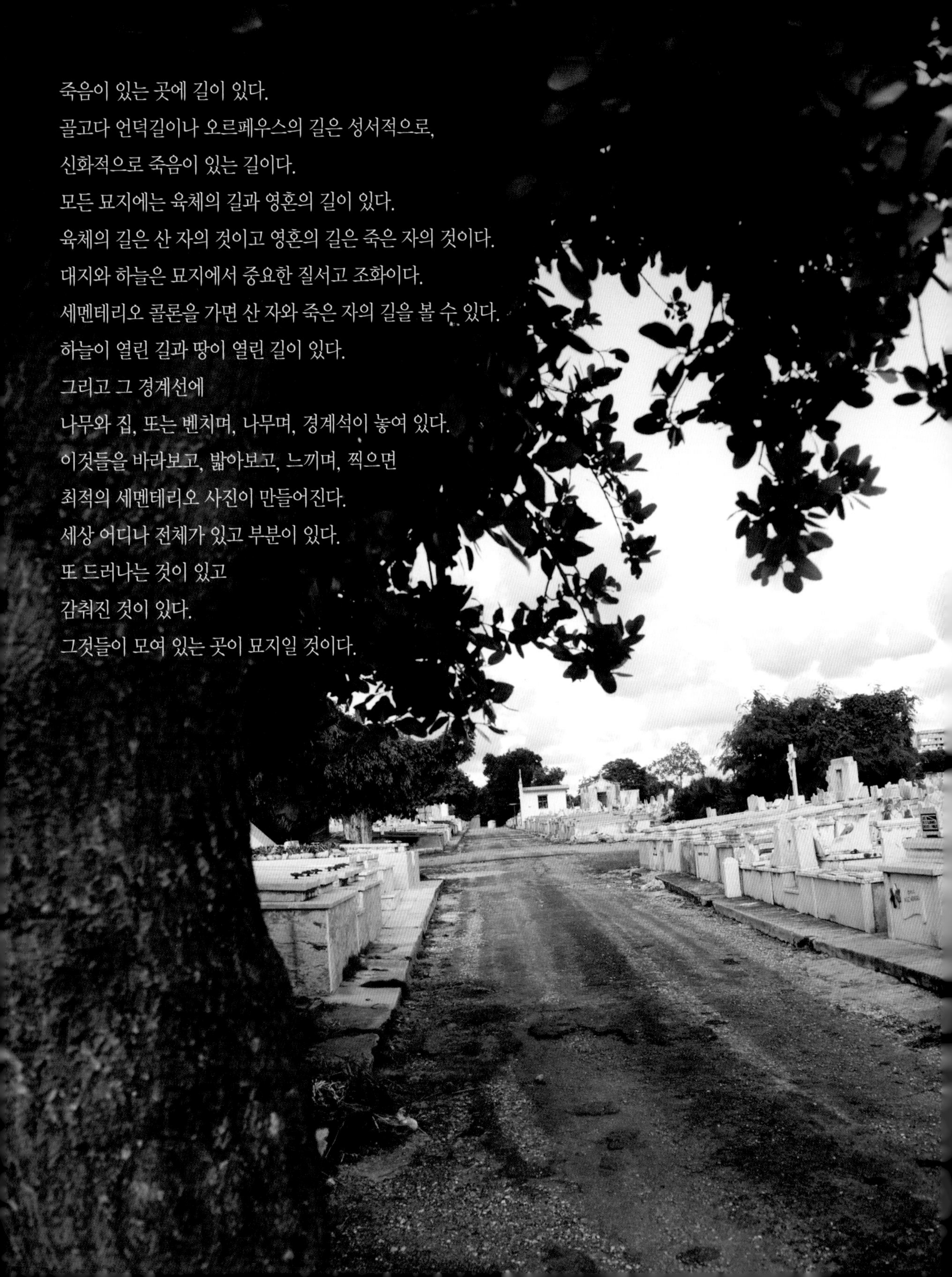

죽은 자의 집을 '마오슬룽' 이라고 한다. 뮤지엄이라는 것도 어원을 추적하면 죽은 자의 집이다. 즉 죽은 자의 부장품이 있는 곳이다. 가난한 자들은 봉문, 무덤 하나로 끝나지만 권력자, 왕족들의 무덤은 왕릉이 되고 신전이 되고 뮤지엄이 된다. 왕릉, 병마총, 피라미드처럼.

아바나의 세멘테리오에는 그런 왕릉도, 뮤지엄도 없다. 그저 예배당으로 〈카피야 센트랄 capilla central〉이 있고, 군데 군데 아담한 규모의 대리석 석관, 석총, 석실이 있을 뿐이다. 그런데 그것들의 디자인이 아주 풍요롭다. 그리스 로마의 양식은 물론 아라베스크, 비잔틴, 로마네스크, 고딕, 바로크, 로코코 등 세계풍의 양식으로 꾸며졌다. 그래서 묘지이지만 조각 및 건축박람회장이라고들 한다.

특이한 점은 지붕의 아주 작은 십자가다. 덩치에 비해 참으로 작은 십자가를 세웠는데 그 까닭은 알지 못한다. 미학적으로 보면 작은 십자가가 훨씬 더 강렬하고 성스러움 또한 진하게 배어난다.

묘지는 죽은 자를 그립게 하는 곳이다.
또 떠나간 자를 가슴 저미며 슬퍼하는 곳이다.
십자가는 죽음의 상징이고 희생의 상징이다.
그것이 서 있고 떠 있는 하늘은 그리움의 공간이다.
그곳의 소리없는 소리는 레퀴엠이다.

E.P.D.
FRUCTUOSO
MENENDEZ
DIAZ
FALLECIO EL
23 DE MAYO
DE 927
MI
INOLVIDABLE
FRUCTO
DE TU MARIA
ANTONIA
E HIJOS

모든 죽음 앞에는 묘비명이 있다. 죽은 자의 자국들, 흔적들, 남긴 언어들, 사진들, 좋아했던 것들 등등… 죽은 자가 살았을 때 가진 아름답고 기념될 만한 것들을 묘지의 정면에 세운다. 죽은 자의 부재의 표석이다. 이런 묘비명에서 가장 각인된 슬픔은 생의 마감일이다.
죽은 자의 제삿날이 적힌 사망 년월일이야말로 가장 독한, 가장 슬픈, 가장 처연한 묘비명의 존재감이다. 묘비명의 글자와 뜻은 몰라도 죽은 날은 누구나 안다.

1958

죽은 자를 매장할 때 동서양을 막론하고 분명한 하나의 염두는 '바침' 이다. 피를 바치든지, 음식을 바치든지, 사람을 바치든지, 재물을 바치든지, 죽은 자를 달래기 위한 산 자들의 '헌의 바침' 이 꼭 필요하다. 산 자에 비하여 모든 죽은 자는 살아 누리지 못하는 원귀이기 때문이다.

이렇게 정성들여 바침을 위해 준비한 받침들이 제단, 제기들이다. 즉 술과 음식을 받치고 향을 피우고 염불을 하는데 필요한 장식품이다. 이것들에 대한 공이 남달라서 떵떵거리는 자손일수록 공을 들인다. 우리의 봉분식 장묘 문화와 다르게 서구는 석관, 석총, 석실 문화이기 때문에 더욱 더 각별히 혹은 보편적으로 그것들 장식에 신경을 많이 쓴다. 그 예를 아바나 세멘테리오에서 볼 수 있다. '바침' 의 의미를 읽을 수 있다.

세멘테리오 콜론에서 마주친 호기심 하나는 빛의 의미다. 서구 매장 풍습의 일반은 죽은 자에게 빛을 주어서는 안된다는 것. 부활 때문이라기 보다는 영면 때문이다. 즉 편히, 고히 자야 하기 때문이다.그런데 이곳의 죽은 자의 석실에는 좌우로 빛이 난 곳이 너무 많다. 이곳의 독특한 매장 풍습인지는 알 수 없어도 빛이 있다는 것은 깊은 어둠과 아주 멀게 된다. 자세한 내막은 모르겠으나 죽은 자의 어둠을 보게 한다는 아주 현실적인 문제가 아닌가 싶다. 죽은 자들의 성스러움을 빛으로 채운다는 뜻인 것 같고, 영원한 부패로부터 막는다는 뜻인 것도 같다.

죽은 자의 공간에서 산 자의 공간을 바라보면 저러하다.
그러나 이 어둠의 공간에서 저 빛의 공간으로 건너가기는 어렵다.
쇠창살이 막고, 두꺼운 유리가 막고, 또 어떤 마음이 가로 막는다.
아주 두려운 일이지만
아바나 세멘테리오에서는 죽음의 공간을
원한다면 경험할 수 있다.
마음껏 석관에 누울 수 있고
석실에서 죽음의 어둠과 삶의 빛을 번갈아 체험할 수 있다.
결국 죽는다는 것은 단 하나 분명한 사실만을 남긴다.
영원히 빛을 볼 수 없다는 것이다.
죽었기 때문이 아니라 감았고 닫혔고 거뒀기 때문이다.
산 사람의 세계로부터.

가라… 죽음들아… 한 때의 존재들아…

존재는 시선에 있고 부재는 시선 밖에 있다.
가뭇없는 세상에서
산 자의 시선은 하늘이고
죽은 자의 시선은 맺지 못한 허공이다.
밝고 어둠은 산 자에게 가시의 문제일 것이나
죽은 자에게는 맺을 수 없는 격리의 문제이다.
밝음과 어둠이 극한으로 대립하는 그곳에서
사진가의 노출, 포커스란 얼마나 씁쓸한가!

쿠바를 말함에 있어 사진은 얼마나 허약한가. 말없는 말을 통해 어떻게 정신을 말할 수 있다는 건가. 짧은 시간에 둘러본 죽은 자들의 공간, 세멘테리오 콜론.
여전히 쿠바에 대한 나의 모든 사진 이미지들은 그곳에 대한 이야기도, 기억도, 설명도, 경험도 아닌 것 같다. 그저 그날, 그 시간, 그 공간에 다가섰던 짧은 시선일 뿐… 아득함이 깊으면 죽음이다. 죽음은 아득함의 끝이다.

올드 아바나

낡은 시간의 삶

아바나는 낡은 도시이다.
도시 전체가 올드 스트리트이다.
old havana, central havana, vedado,
정도의 차이일뿐 그곳들의 구획과, 거리와, 모퉁이는
모두 낡은 시간의 삶이다.
아바나에서 나의 가장 큰 관심사는
바로 낡은 시간의 잔해였다.
즉, 〈 올드함〉이 사진적 주제였고,
자동차, 집, 거리가 소재였다.

그곳에 가면 저마다 생각 속에 빠질 수 있을 것이다.
어떤 사람은 낡은 삶 속에 풍덩 빠질 수 있을 것이고,
어떤 사람은 순수한 사람들 속에 파묻일 수 있을 것이고,
또 어떤 사람들은 그들과 더불어 그들이 될 수 있을 것이다.
그러나, 나는 그렇지 못했다. 나의 모든 여행이 그러했듯이,
늘 떠돌고, 떨어지고, 스스로 파편이기를 원한 나그네였다.
그런 시선으로 그들의 현실을 담았다면 잔혹한 오만이다.
오래된 거리를 걸었다. 바람처럼 걸었고 구름처럼 걸었다.
스치듯 걸었고 휩쓸리듯 걸었고 혼미함으로 걸었다.
짧은 시간, 내가 바라본 것은 내 마음의 풍경이다.
짧은 시간, 내가 담은 것은 내 마음의 각인이다.
나의 사진 속의 아바나는 내게 투영된 아바나일 뿐,
그 날, 그 공간에서 운명적으로 스쳐간 풍경일 뿐,
그 모든 삶의 진실과 실체로서 참은 아닐 것이다.
세상의 모든 낡은 시간의 코드에는 두 가지가 있다.
하나는 시간의 파편을 짜맞추는 것이고,
다른 하나는 회향의 눈길로 시간의 나이테를 어루만지는 것이다.
아바나는 낡은 도시이다. 도시 전체가 올드 스트리트이다.
old havana, central havana, vedado, 정도의 차이일뿐
그곳들의 구획과, 거리와, 모퉁이는 모두 낡은 시간의 삶이다.
아바나에서 나의 가장 큰 관심사는 바로 낡은 시간의 잔해였다.
즉, 〈 올드함〉이 사진적 주제였고, 자동차, 집, 거리가 소재였다.

올드 아바나

그곳의 골목길은 빛이 절반, 어둠이 절반이다.
어떤 사람은 빛 속에 있고 어떤 사람은 어둠에 있다.
예나 지금이나 빛과 그림자는 오랜 삶의 동반자이다.
빛은 늘 그림자를 품었고, 그림자는 늘 빛을 손짓했다.
아바나에서 자동차는 전설이거나 신화의 모습이다.
시간의 증표 자체였고, 오랜 삶의 영수증이었다.
그곳의 모든 올드카는 낡음을 넘어선 삶의 퇴적이다.
그것은 사랑이고 인생이고 존재 그 자체이다.
밝음의 저편, 어둠의 이편에서, 시간의 존재로서 차와 거리와 사람을 보고 안고 담고 떠나왔다.

올드 아바나

그들은 아마도 매일 그곳에 있을 것이다.
아마도 매일 그 어둠 속에 있을 것이며,
또 아마도 매일 지나가는 자동차와, 사람과,
낯선 사람의 자태마저 일과처럼 챙길 것이다.
그런 오랜 시간의 걸음이 오래된 음악을 만들었다.

센트로 아바나

명 피아니스트 루벤 곤잘레스는 말한다.
아름다운 음악은 아름다운 삶이 만들고 아름다운 삶은 아름다운 인생이 만든다고.

올드 아바나

낡은 거리에는 늘 태양과 바람이 문제다.
태양은 눈을 멀게 하고 바람은 마음을 멀게 한다.
그런 혼미함 속에서 낡은 시간을 더듬는다는 것은
어쩔 수 없이 값싼 감정의 넘침으로 이끈다.
그러나 어쩌랴, 죄스럼 없이 조심하는 수밖에…
나에게 늘 문제는 저 신작로 끝, 아득한 자동차다.

낡은 차들은 스스로 빛을 만들고 어둠을 만든다.
스스로 고단함을 만들고 스스로 삶의 의미를 만든다.
아바나의 어느 골목에서나 마주치는 올드카로부터
얻는 가장 큰 교육은 시간의 초상, 세월의 그림자다.
그것은 쇠락한 시간의 훈장이다. 빛바랜 삶이다.

올드 아바나

골목길은 골목에 있어서 좋다.
골목길은 삶 가까이에 있어서 좋고,
삶의 냄새가 흘러 넘쳐서 좋다.
골목길이 무엇보다 좋은 것은 너를 만나고
너를 떠나보내는 막다름이 있어서 좋다.

올드 아바나

짙은 슬픔이라는 것은 숨겨진 슬픔이다.
숨겨진 슬픔은 흐르는 강물처럼 서서히 흘러
그리고 마침내 가슴을 적시고 영혼을 적신다.
물론 이 값싼 감정의 시선은 실재라고 할 수 없다.
눈부시게 빛나는 신작로 햇살의 눈부심 때문이다.

〈20년〉

당신의 사랑이 식어버렸다면
내 맘이 무슨 상관인가요
지난 날의 사랑은 잊어야 해요
한때 난 당신의 전부였는데
이제 과거의 사람이 되어버리다니
그때 모든 게 뜻대로 됐더라면
당신은 20년 전처럼 날 사랑하고 있겠지
이젠 슬픈 마음으로 바라만 보네
사라져 가는 사랑 찢겨진 우리의 영혼

–부에나 비스타 소셜클럽

시엔푸에고스의 비와 눈물

그 여자가 아바나에서 트리니다드까지
오직 그리움 때문에, 아니 사랑 때문에
그 먼길을 바람처럼 날아왔다고 말했을 때,
나는 어느 시카고의 뒷골목을 걷고 있었다.

그 여자는 비와 눈물에 대해서 속삭인다.
비의 황홀함과 눈물의 애잔함을 말한다.
비는 산타클라라를 넘고 시엔푸에고스를 넘는다.
혁명의 아들 체 che 의 그림자를 밟는다.
어둠의 하늘은 잿빛 속에서 별처럼 빛나고, 어둠의 땅은 흑빛 속에서 불처럼 타오른다.
순간, 이대로 죽어도 좋다는 생각을 한다.

그 여자가 한 쿠바 남자에 대해서 말한다.
그리고 폭포에 대해 말하고 말에 대해 말한다.
또한 아득한 시간과 벌판에 대해서도 말한다.
그 여자의 소리에 비가 그치고 하늘이 열린다.

시엔푸에고스

비슷한 골목길들이 자신들을 보게 했을 때
순간 환영에 빠져 길을 잃고 마음을 잃는다.
아이들이 비 그친 틈을 타서 거리로 나선다.
빛나는 아스팔트에 마음이 상처를 받는다.

그 여자의 목소리가 창을 튕기고 비를 튕긴다.
한없이 어둠 속으로 흐르고 또 흘러서 퍼진다.
아스팔트 위의 개는 스스로 알아서 물러난다.
단 한번 가 본 낯선 동해안의 도시가 슬피운다.

골목길에 버스가 멈췄을 때
연민으로 덧칠된 사람과 건물, 낡은 차가 순간에 날아든다.
아름다움은 너무 종잡을 수 없어 애태우고, 아프고, 쓰라리다.

그 여자가 춤과 음악에 대해서 말하기 시작했을 때,
자신을 향한 한 남자의 애틋한 감정을 에둘러 말했을 때,
한 순간 숨어 있던 비가 신작로를 향해 거침없이 뿌린다.
그때 어둠 저쪽에 있던 인생가수 콤빠이 세군도가
"삶에서 여자, 꽃, 연애가 가장 아름답다" 말한다.
애태우고, 아프고, 쓰라리다.

시엔푸에고스

단 한번 쉬었던 차가 터미널을 떠나간다.
시간을 애태운 사람들이 손을 흔든다.
돌이킬 수 없는 시간에 눈물을 흘린다.
누군가의 사랑하는 사람이었을 사람이 이 차에 탔고,
그 사람은 당신일 것이다.
어쩌면 이리 영화같단 말인가!
이 풍경이.

시엔푸에고스

떠남은 작은 죽음이다.
흐름은 돌이킬 수 없음이다.
막혀 돌아갈 수는 있어도 되돌리는 거역은 없다.
비와 눈물은 흘러서 상처다.
마르는 물이어서 죽음이다.

호명되지 못한 이름들

사진 속의 저들은 사진 찍힐 때 결코 호명되지 못했다.
자신의 초상이 박혔음에도 비극적으로 주체를 상실했다.
이렇듯 호명되지 못한 이름이 사진에는 늘 비극이다.
그렇지만 그것이 또한 사진이 갖는 비장한 존재감이다.
사진의 역사는 절대적으로 우연과 익명의 역사이다.

올드 아바나

후회해도 이미 늦은 것. 그들은 영문 모르게 포착되었다. 아니, 정확히 말해 엉겁결에 박혔다. 죄라면 그날 그 자리에 있었다는 것, 번민이라면 운명의 시간과 공간 때문이다. 돌아와서 사진들을 본다. 사진들이 하나같이 어둡고 우울하다. 집도, 자동차도, 거리도, 사람까지 집단적으로 사진들이 우울 모드다. 그들은 분명 행복에 넘쳤고, 그곳의 사람들은 기쁘게 살았다. 도시 어디에나 삶의 활력이 넘쳤고 골목 어디나 인정으로 가득찼다.

그럼에도 사진들이 우울한 이유는? 왜 이리 절망스러운 어두움이며, 왜 이리 희망없는 덧없음인가! 이건 몇 장의 밝은 사진 중의 하나다. 어둠이 깊으면 빛이 빛나고 절망이 크면 희망이 큰 법인데 희망과 행복의 모습이 이리 부족한 것은 누구도 어쩌지 못하는 완고한 대못이다.

나는 이런 사진이 좋다. 이런 모습을 바라보는 것이 좋고, 다 드러내는 것보다 이렇게 감춰진 마음으로 의미로 읽혀지는 것이 좋다.

어둠의 골목길에 쏟아진 햇살의 섬세함, 빛바랜 시간의 벽에 어울린 삶의 컬러, 부분을 통해서 전체를 보게 하는 실루엣, 그리고 무엇보다 빛과 어둠의 조화와 질서.

오랫동안 어둠과 빛 사이로 왔다 사라진, 여러 익명의 초상들 가운데 선택된 사진이다. 결국 다른 사진들보다 애착이 갔다는 것은 암울함의 코드 때문이다. 그 독한 어둠이 좋다.

올드 아바나

대지에 가까이 있는 빛은 영원의 빛이다.
삶에 가까이 있는 빛은 순간의 빛이다.
순간의 빛은 존재하지만 발자크의 말처럼 궁핍하고 어려운 곳에 절망적으로 투사된다.
여기 이 사진은 거의 찰나적이었다.
찰나적이었다는 것은 인식의 문제다.
브레송이 왜 카메라가 눈의 연장이라고 했는지,
단 한번 일어난 삶의 포즈라고 했는지를 알게 하는,
가장 사진적이고 인식적인 사진의 모습이다.
사진의 순간은 인식의 순간이다.
호명조차 할 수 없는 단 한번의 찰나.

시선은 눈길의 의지다.
말해질 수 없는 말이며 정답 없는 문제지이다.
숨김 없는 관능이면서 오독을 부추긴 비극이다.

올드 아바나

카스트로는 혁명가가 되지 않았던들 야구선수가 되었을 거란다. 쿠바는 국민 모두가 야구를 좋아하는 그야말로 야구의 나라이다. 여름해가 지기 직전 어느 허름한 공터에서 야구를 하는 모습이다.
작은 모습이어서 좋고, 어둠이어서 좋고, 방망이처럼 가냘퍼서 좋다. 쿠바가 야구에 강한 것은 '순간의 리듬', '순간의 호흡' 이 아닐까? 그들이 만든 노래처럼, 그들이 만든 춤처럼 순간의 미학은 아닐까? 미국의 영향이라고 돌려 세우기에는 너무 호사스러운 운동이 아닌가?

쿠바는 이중 화폐제다. 자국 국민들의 돈과 외국인의 돈이 다르다. 돈의 생김새, 돈의 가치로 사람의 가치를 구분하는, 그리하여 같은 액수의 돈을 다른 돈으로 바꾸려는, 어쩔 수 없는 비극이 불법으로 자리하는 화폐 체계다.

또 하나, 가난한 나라들의 통과의례처럼, 그곳도 외국인을 보면 돈을 먼저 생각한다. 그러나 구걸도 아니며, 비굴은 더더욱 아니다. 그곳에는 촬영금지구역도 없다. 관광지, 명소까지 확실히 돈을 받고 사진을 찍게 하는 멋진 곳이다.

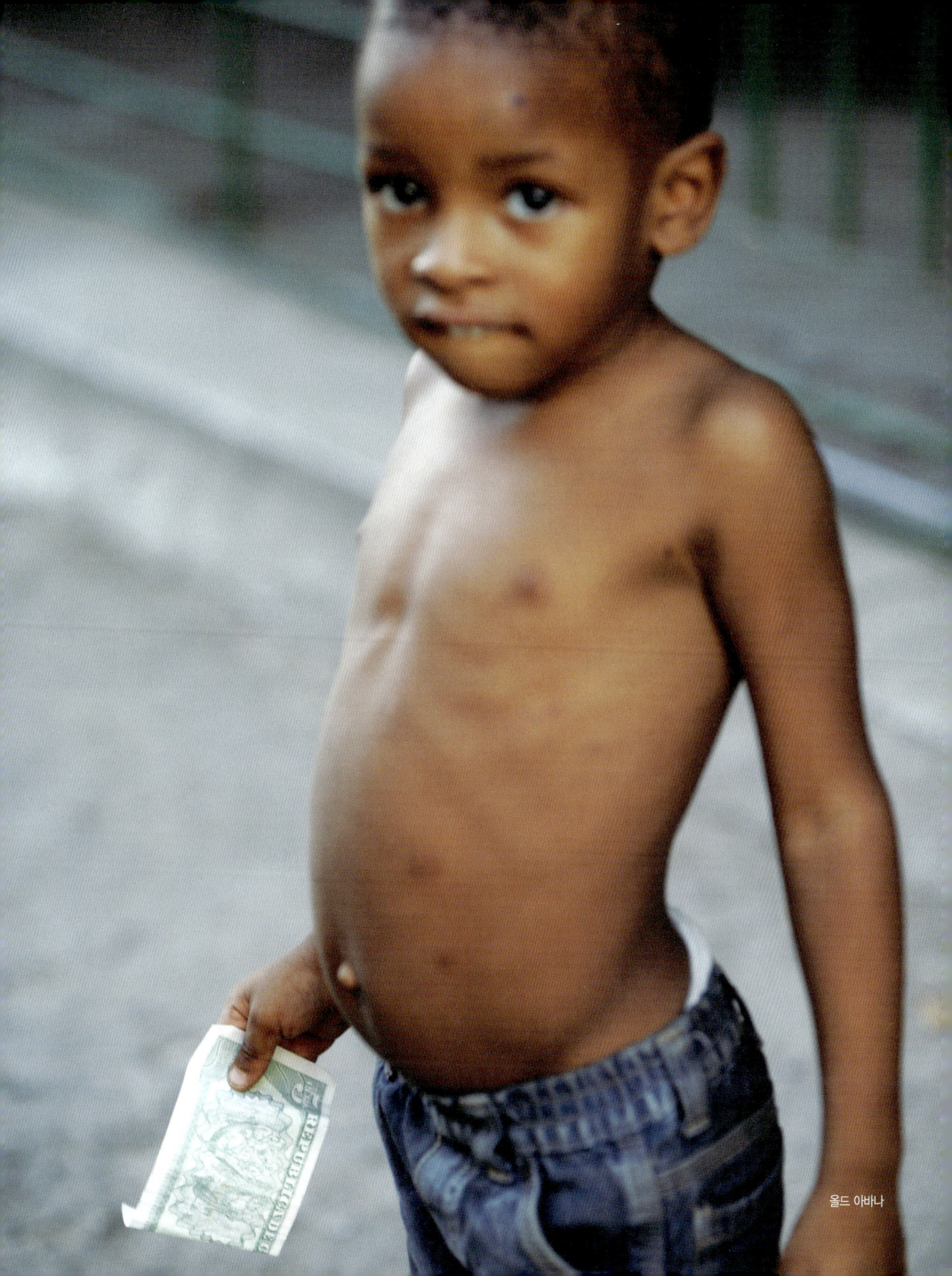

올드 아바나

올드 아바나

그곳에 가면 독일군 장면처럼 3륜 사이드카를 탈 수 있다. 그리고 누구나 영화 〈부에나 비스타 소셜클럽〉 첫장면처럼 저걸 타고 파도치는 말레콘 해변을 바람처럼 질주할 수 있다. 안전하게 여러사람들이 탈 수 있는 운송수단으로 적격이다. 왜 우리나라는 저런 3륜 사이드카가 활용되지 못하는걸까? 폭주족의 오토바이보다 얼마나 멋지고 또한 안전한가.

올드 아바나

그곳에는 모든 존재들이 밖으로 나온다. 움직이는 모든 것들은 집밖으로 나와 있다. 어떤 사람들은 더위 때문에 나온거라지만 나는 무료해서, 어두워서, 그리워서라고 생각한다. 그들은 하루종일 그곳, 그자리에서 단 두 가지 일을 한다. 그저 시선을 주는 일과 말 거는 일이다. 하루종일 이방인에게 시선을 주고 말을 걸어온다.

올라!..... 치노?..... 안녕하슈? 중국인이요?

노... 꼬리아노... 아니요. 한국인이요.

인간에 대한 관심과 애정없으면 못할 일이다.

올드 아바나

색채학의 관점에서 보면 검은색이 흰색보다 매혹적이다. 또 검은색이 형상과 배경을 일으키는 조화스런 색이다. 거리에서 만난 소녀, 처녀들의 차림새, 액세서리를 본다. 전체적으로 빈곤하지만 색과 디자인의 선택은 탁월하다. 사진에서도 백인, 황인보다 흑인이 훨씬 미감적이다. 어떤 소도구를 이용해도 항상 흑인쪽이 더어울린다. 삶과 예술은 어둠이 밝음보다 미학적으로 늘 강렬하다.

올드 아바나

차를 갖는다는 것은 주위로부터 부러운 일이다. 아무리 탈 수 없는 고물이 된 차라도 버리지 못하고, 집 밖에서 산송장처럼 건재를 과시하게 세워 둔다. 엔진부터 바퀴 하나, 바퀴 둘, 바퀴 셋, 바퀴 넷... 헤드라이트까지 빠진 송장차들이 주차된 나라, 그런 곳에서 차멋내기는 어른들의 오랜 탐닉이다. 쿠바는 차를 빼놓고 이야기하기 어려운 나라이다.

올드 아바나

에필로그

스치듯 찍는 나그네, 이방인의 시선은 더욱 그렇다. 그러나 어찌하겠는가! 그날 그곳에 그들이 자리해 있었던 것을... 하여, 이곳의 인물사진은 그(the) 사람보다, 어떤(a)사람이다. 사진 어느 공간,어떤 자리에 사람이 있더라도 그것은 익명이다. 마치 자동차, 전신주, 신작로처럼, 한줄기 햇살, 깊은 어둠처럼 오로지 어떤 존재의 상징으로서 자리한다.

〈호명되지 못한 이름들〉은 익명성에 대한 반성이다. 사진 속의 사람들은 사진 찍힐 때 결코 호명되지 못했다.자신의 초상이 박혔음에도 비극적으로 주체를 상실했다. 호명되지 못한 이름은 사진에서 늘 비극이다. 사진이 갖는 비장한 존재감이다.

i n f o r m a t i o n

쿠바공화국 Republic of Cuba

위치 _ 중앙 아메리카 카리브해상 서부

경위도 _ 서경 80° 00", 북위 21° 30"

면적 _ 110,860㎢

시간대 _ UTC-5

수도 _ 아바나

종족구성 _ 물라토 (51%), 백인 (37%), 흑인 (11%), 중국인 (1%)

공용어 _ 에스파냐어

종교 _ 가톨릭 (85%)

독립일 _ 1902년 5월 20일

혁명기념일 _ 7월 26일

국제전화 _ +53

정체 _ 공화제

통화 _ 쿠바 페소(CUP)

쿠바는

중앙아메리카 카리브해 서부, 서인도제도에 있는 나라로 1514년 이후 1762년 사이 스페인에 통치하에 있었던 나라이다. 1762년부터 1898년까지 쿠바는 스페인을 상대로 독립운동을 전개하였다. 1895년 제 2차 독립전쟁에 이어 1898년 미국과 스페인의 전쟁에서 스페인이 패한 후 파리평화조약에 의해 독립하였고, 그 후 1902년 미국 군정으로 부터 완전히 독립하였다.
정식명칭은 쿠바공화국(Republic of Cuba)으로 서인도 제도에서 가장 큰 쿠바섬과 약 1600개의 작은 섬으로 이루어진 아메리카 대륙 최초의 공산국가이다. 인구는 흑인과 에스파냐계 백인의 혼혈인 물라토가 51%를 차지하고, 그 다음으로 에스파냐계 백인(37%), 흑인(11%), 중국인(1%)으로 구성되어 있다. 에스파탸어를 공용어로 사용하고 종교는 자유이지만 국민 대부분은 가톨릭교도이다. 행정구역은 14개주(provincia)와 1개 특별구(municipio especial)로 되어 있다.
동서 길이가 약 1,300km, 남북 길이가 약 70~200km의 긴 섬으로 국토의 1/4은 산이고 나머지는 평지와 구릉으로 이루어져 있으며 해안선은 굴곡이 심하고 총면적은 110,860㎢로 우리나라의 절반에 해당하는 크기이다.
섬 전역이 열대성기후로 겨울에는 북동무역풍, 여름에는 동풍 또는 남동무역풍이 분다. 연평균기온 25.5℃, 1월 평균기온 22.5℃, 8월 평균기온 28℃이다. 11~4월은 건기, 5~10월은 우기에 속하는 전형적인 열대성 사바나기후로 연평균강수량은 1,400mm 내외, 평균습도는 25%로 6~9월이 비가 많은 시기이다. 8월부터 10월까지 허리케인의 내습이 잦은 북서부 지방은 풍수해의 피해를 자주 입는다. 오르하노스 산맥이 있는 북서부 지방은 8월부터 10월까지 허리케인의 내습으로 풍수피해를 자주 입는다.

쿠바의 국기

3개의 파란색 줄은 독립운동 당시의 세 군관구(軍管區)를, 하양은 독립운동의 순수함을, 삼각형은 자유 · 평등 · 박애(博愛)를, 빨강은 독립을 위해 흘린 피를, 별은 독립을 상징한다. 1850년 베네수엘라 출신의 장군 나르시소 로페스(Narciso Lopez)가 에스파냐와의 독립전쟁에 참가하였을 때 처음 사용하였다. 1898년 독립하고 미국의 3년간의 군정이 끝난 후 공화제가 실시되던 1902년 5월 20일 국기로 제정하였다.

쿠바가는 코스는

몇 가지 방법이 있다. 비행기 안에서 여행비자(관광카드)를 무료로 제공하는 토론토발 에어 캐나다를 이용한다. 쿠바는 캐나다에 특히 우호적이다.

환전은

캐나다 달러로 하는 것이 좋다. 또 쿠바 공항에 도착하여 현지 외국인 전용 쿠바화폐(cuc)로 바꾸는 것이 좋다.

쿠바 입국 신고 및 세관 통과

카메라 장비는 가급적 노출시키지 않는 것이 좋다. 고가의 장비를 문제 삼지 않으나 눈에 띠면 세관원이 다가와서 세관신고(신고서 작성)를 하라는 경우도 생긴다. 망원렌즈는 더욱 공항 밖에서 꺼내는 것이 좋다.

쿠바의 전기 형태

우리와 같다. 우리가 쓰는 플러그 그대로 쓰면 되고 전력 사정도 충분하다.

민박과 호텔

정보에 쏟는 시간에 의해 좌우된다. 어쩔지 몰라서 외국인 가장 많이 찾는 최고급 나시오날 호텔을 인터넷에서 예약했다. 그러나 현지에서 만난 외국인 여행자들은 다양한 방법으로 민박집을 찾아 묵었다. 그러나 초행이라면 한 3-4일 정도 이름 있는 호텔을 예약한 후에 돌아다니면서 멋진 민박집을 찾아가는 것도 방법이다.

음식 및 음료

음식은 다양하고 풍부하다. 특히 과일, 야채 등 천연 무공해 농수산식품들이어서 좋다. 보통 식사는 한끼에 3000-4000원 한다. 그리 싼편은 아니며 음료는 생수를 사먹는 것이 좋다.

교통편

자동차, 오토바이 렌트 가능하다. 휘발유 가격도 비싸지 않고 국제운전면허증을 가져가면 가능하다. 아바나 시내에서는 택시를 이용하는 것이 좋고 가격은 우리나라와 비슷하다. 꼬꼬택시도 있는데 가까운 거리라면 괜찮다. 전체적으로 쿠바 택시들은 낡아서 매연이 심하다. 지방으로 갈 때는 사전 예매가 필요한 외국인 전용의 시외버스 비아슬을 이용한다. 우리나라 고속버스급이다.

치안 및 사진촬영 환경

세계 최고다. 쿠바의 모든 사진적 명소들은 돈을 받고 촬영을 허락한다. 그래서 더욱 편하고 좋다. 관광지에서는 멋진 모델들도 돈을 받고 촬영을 허락한다. 차라리 돈을 받는 것이 초상권, 저작권에도 좋다. 사람은 1000원 정도, 명소는 3000-5000원 정도 한다. 쿠바의 치안은 아주 좋다. 수도 아바나 경우 가히 100미터마다 경찰이 서 있을 정도로 외국인 보호에 만전을 기한다. 좀도둑은 있을 수 있으나 노상 강도는 상상할 수 없고 폭력배는 더욱 상상할 수 없다. 사람들이 순수하고 친절해서 윙크하거나 부탁하면 거절하는 사람은 보기 힘들다.

사진 포인트

쿠바는 어디를 가도 촬영 포인트다. 아바나에서는 목적지를 정하지 않고 걸으면서 찍는 것이 오히려 좋다. 주요 명소들은 5-7km 이내에 있고 오고가다보면 만날 수 있다. 한 여름이 아니라면 가급적 걷는 것이 좋은 포인트를 만날 수 있는 비결이다. 쿠바는 발길 닿은 곳이 사진 포인트다.

쿠바의 관광명소

관광객들이 좋아하는 곳들은 여행책에 나온 그대로다. 아바나의 경우 혁명박물관, 혁명광장, 카데드랄 광장,아르마스 광장, 산 프란스시코 광장, 카피톨리오, 파르타가스 시가공장, 아바나 극장, 차이나타운, 모로성, 헤밍웨이박물관 등이다. 또 관광객들이 즐겨 찾는 지방 주요도시들은 씨엔푸에고스, 산타 클라라, 트리니다드, 산티아고 드 쿠바, 비날레스 등이다. 사진가라면 트리니다드를 절대 빠트려서는 안 된다. 이곳은 올드 아바나처럼 사진의 천국이다. 도시 전체가 사진이다.

아바나 Havana

쿠바 북쪽에 위치하고 있는 하바나는 수도로 캐리비안에서 가장 큰 도시이다. 전쟁과 혁명 속에서도 100여 년 전의 도시 이미지가 그대로 남아 있고 50-60년대의 미국의 자동차가 거리를 활보하고 있는 도시이다. 현대적인 건물과 스페인 식민지 시대의 거대한 건물이 그대로 공존하고 있는 아바나는 크게 3부분으로 나누어진다. 베다도(Vedado), 센트로 아바나(Havana Centro), 아바나 비에하(Havana Vieja) 지역이다. 아바나 비에하(Havana Vieja)는 스페인어로 Vieja, 즉 올드 아바나이다.

베다도는 현재 아바나의 중심가로 호텔, 박물과, 대사관, 공원, 비지니스 센터, 바 등이 있으며 혁명의 광장도 베다도 지역에 위치하고 있다.

골목마다 무너질 듯 색이 벗겨지고 부서진 낡은 건물들이 있는 센트로 아바나에서는 쿠바사람들의 생활모습을 가장 잘 볼 수 있다.

올드 아바나는 북쪽과 동쪽이 바다와 맞닿아있고, 스페인 정복과 식민시대의 유적들과 박물관, 성당, 성당 등의 건축물들이 남아있는 곳으로 관광객들이 가장 선호하는 지역이다. 중심 거리는 프라도 가이며 이 거리를 중심으로 미국의 국회의사당 건물을 모방한 의회건물과 국립 극장이 위치하고 있다.

말레콘 Malecon

아바나 북쪽의 해변을 따라 12km에 걸쳐 펼쳐져 있는 방파제로 연인들의 장소이고, 사책을 즐기는 사람들의 낭만적인 장소이기도 하지만 카리브해를 건너 있는 미국에 사는 지인들을 그리는 사람들에게는 그림움의 장소이기도 하다.

트리니다드

시엔푸에코스에서 남동쪽으로 80Km 떨어진 고원에 있는 1514년에 세워진 도시로 유네스코에 의해 세계문화유산으로 지정되었다.

헤밍웨이 박물관

『노인과 바다』, 『무기여 잘있거라』가 아바나에서 집필되었고 아바나에서 20분 거리에 위치한 코히말 마을은 『노인과 바다』의 무대이다. 헤밍웨이가 거주했던 곳을 박물관으로 꾸민 헤밍웨이 박물관은 헤밍웨이가 집필했던 서재와 그가 사용한 낚시 도구, 사냥품들이 전시되어 있다. 코히말 마을의 라 테레자 레스토랑은 헤밍웨이가 생존에 자주 찾던 곳으로 벽마다 헤밍웨이의 사진이 걸려 있다.

바라데로

세계 최고 수준의 해변 관광지 명성을 얻게 해준 바라데로는 쿠바 제일의 휴양지이다. 희고 고운 모래가 있는 긴 해변의 바라데로는 아바나에서 동쪽으로 160km 떨어진 곳에 위치하고 있다. 바라데로는 폭이 300-500m, 길이 26km 정도인 반도로 가늘고 긴 길의 가운데를 자동차로 달리다보면 카리브의 푸른 바다를 좌우 창문을 통해 바라 볼 수 있다. 해안을 따라 자리잡은 호텔 중에는 클럽 메드와 비슷한 형태의 수퍼 클럽이 있다.

올드아바나아에서 가볼만한 곳

대성당 광장 (Plaza de la Catedral)

이곳은 하바나에서 가장 아름답고 보존이 잘 되어 있는 광장이다. 광장을 둘러싸고 태고의 아름다움을 간직하고 있는 많은 건물들이 있으며, 예쁘게 장식한 바와 레스토랑도 즐비하다.

Catedral de San Cristobal(산 크리스토발 대성당)

이 성당은 18세기에 바로크 양식에 의해 만들어진 건물로 광장의 북쪽에 위치해 있다.

Museo de Arte Colonial(식민시대 미술관)

이 미술관은 광장에서 가장 오래된 건물로 1720년대에 지어졌으며 건축학적으로 뛰어난 걸작이다. 주변으로는 다양한 열대 식물이 즐비하며 식민지 시대의 가구와 기물들이 매우 많이 전시되어 있다.

Plaza de Armas(무기 광장)

대성당 광장에서 몇블럭 떨어진 곳에 Plaza de Armas가 있다. 이곳은 원래 정부청사가 있던 자리이다.

Museo de la Ciudad (도시 박물관)

이 박물관은 하바나 라는 도시가 처음 생겼을때부터 현재까지의 모든 유적과 정보들을 생생히 보여준다.

아바나 시내